中國學術思想 研究輯刊

二一編

林慶彰 主編

第 3 冊

老莊「自然」觀念的產生和變化

夏紹熙 著

花木蘭文化出版社

國家圖書館出版品預行編目資料

老莊「自然」觀念的產生和變化／夏紹熙 著 -- 初版 -- 新北市：
花木蘭文化出版社，2015〔民 104〕
目 2+172 面；19×26 公分
（中國學術思想研究輯刊 二一編：第 3 冊）
ISBN 978-986-404-042-1（精裝）
1. 老莊哲學
030.8   103027145

中國學術思想研究輯刊
二一編　第三冊　　　　　　ISBN：978-986-404-042-1

老莊「自然」觀念的產生和變化

作　　者　夏紹熙
主　　編　林慶彰
總 編 輯　杜潔祥
副總編輯　楊嘉樂
編　　輯　許郁翎
出　　版　花木蘭文化出版社
社　　長　高小娟
聯絡地址　235 新北市中和區中安街七二號十三樓
　　　　　電話：02-2923-1455 ／傳眞：02-2923-1452
網　　址　http://www.huamulan.tw 信箱 hml 810518@gmail.com
印　　刷　普羅文化出版廣告事業
封面設計　劉開工作室
初　　版　2015 年 3 月
定　　價　二一編 27 冊（精裝）新台幣 50,000 元

老莊「自然」觀念的產生和變化

夏紹熙　著

作者簡介

夏紹熙，1980 年出生於雲南省會澤縣。1999 年考入西北大學文博學院歷史學基地班，2003 年畢業，獲歷史學學士學位。同年保送西北大學中國思想文化研究所攻讀碩士，導師謝陽舉教授，2006 年畢業，獲歷史學碩士學位，學位論文為：《海德格爾與老莊思想的初步比較》。同年考取中國思想文化研究所博士研究生，導師張豈之教授，2009 年畢業，獲歷史學博士學位，學位論文為：《老莊自然觀念的產生和變化》。此後留校任教，現為中國思想文化研究所講師，研究方向為道家道教思想史。

提　要

「自然」觀念是中國思想史上極為重要的思想觀念，它的產生標誌著中國古代理論思維出現了質的飛躍。本文探討老莊「自然」觀念產生和變化的過程。嘗試運用社會史與思想史相結合的方法分析老莊「自然」觀念產生的社會歷史基礎，運用認知科學及其認知語言學、認知隱喻學的方法分析「自然」觀念的意義。

春秋戰國時期社會與思想急劇變動，產生社會變遷的主要原因是西周氏族宗法制度的動搖，與此相關聯的政治、經濟、思想觀念也在不同的層次上不斷重組，逐漸形成各種複雜的關係，並產生新的意義。當時，人們面臨的主要歷史問題是，應否清算或如何清算西周遺制，也就是如何面對急劇變化的現實世界的問題。

老子提出「道」的觀念，突破商周以來的宗教思想，對世界做總體的思考，「自然」觀念是老子在深思「道」的意義過程中提出的。「自然」觀念的產生與老子思想的繼承性和創造性密切相關。本文從認知科學的角度分析了老子思想的創造性，並討論了老子「自然」觀念的特點，認為「自然」觀念充分展現了中國古代思想所能達到的深度。「道法自然」這個重要命題是一個隱喻結構。喻源域「道」的豐富影像映射到目標域「自然」之上，二者互動產生了「常」、「有無」等新的意義。老子思想有明顯的史官推天道以明人事的思維傾向。他指出人的行為是從自然之道的運行過程中發源的，自然之道規定了人的行為。

莊子以「自然」為中心繼承和發揮了老子的思想，以強烈的懷疑和批判精神，消除老子對「道」進行實體化描述的努力，剔除老子思想中陰謀詭詐、偽而不誠的因素。對老子提出的「自然」觀念進行了全面的深化。以兩行的態度、懷疑的方法、深層的直覺、靈活的語言、豐富的想像、超越的精神創造了一系列新觀念、新方法對「道」、「自然」等觀念進行了更深入的解釋，將「自然」觀念引入更豐富、更開放、有更多可能性和差異性的世界。將老子「道法自然」的思想深化為「道兼於天」的思想，突出了「自然」觀念的超越性。並從深入體驗、對現實世界的開放性認知、勤行實踐、站在較高層面上的全面反思等方面闡釋了「自然」觀念的超越性。

目次

引　言

1. 以觀念為中心的思想史研究

　　本文嘗試探討老莊「自然」觀念產生和變化的過程，這是以概念、範疇為中心的中國古代思想史研究。「思想史是理論化的人類社會意識的發展史。」〔註1〕思想史的研究有著廣闊的視野，它綜合了哲學思想、邏輯思想和社會思想，縱論經濟與社會、上層建築和意識形態的諸多方面，內容錯綜複雜。它試圖解釋人類思想形成和變化的所以然，取向又極為深刻。它不是思想史料的剪輯或某種簡易的還原，而是具有思想性的歷史與具有歷史性的思想的交流互動，並在這種互動中不斷深化，由此描繪出人類思想意識起伏跌宕的壯美畫卷。

　　克羅齊的研究強調歷史的精神性和當代性，但他同時注重思想和歷史的相互關係。他主張為了將來，在現在對過去進行反思，他說：「我們是過去的產物，並沉浸在過去中生活，周圍一切壓迫我們。若我們未從過去中走出，若未將自己置於過去之上，我們如何走向新生活，如何創造我們的新行動？若我們置於過去之中我們自己就是過去，如何將自己置於過去之上呢？只有一條出路，思想既未切斷同過去的聯繫又在它之上，從而在理論上提高它並將它轉化為知識。需要面對面地審視過去，將它轉化為思想問題並在真理命題中加以解答，這一真理命題是我們新行動和新生活的理想前提。」〔註2〕這

〔註1〕張豈之主編：《中國思想史·原序》，西安：西北大學出版社 2003 年，頁 2。

〔註2〕（意）克羅齊：《作為思想和行動的歷史》田時綱譯，北京：中國社會科學出版社 2005 年，頁 25～26。

種思路告訴我們，思想史研究只有歷史性和思想性並重，才能深入並有所創新。

簡單地說，從歷史性方面來看，我們反思歷史首先需要對歷史事件進行確認，以保證我們獲得可靠的史料。緊接著是對相關史料提出問題並進行解釋，「歷史學是通過對證據的解釋而進行的」〔註3〕沒有經過解釋的史料只是一堆孤立零散的雜物。再進一步就是對提問和解釋活動本身進行反思和批判，向不同的觀點保持開放，盡量減少獨斷的成分。在這種意義上，對人類實踐各領域進行深入的反思和追問是歷史學前進的內在動力。從思想性方面來看，人類思想進步的必要前提是對自身的思想進行反思和評價，而要對一種思想體系做出恰當的評價，就必須「著眼於它本身的目的和歷史背景，著眼於同它直接的前身和後繼的體系的比較，著眼於它的前因後果以及由它所引起的發展。」〔註4〕歷史和思想這兩個領域互相交錯，產生了許多需要我們加以澄清或解決的問題，比如：

> 社會歷史的演進與社會思想的發展，關係何在？人類的新舊範疇與思想的具體變革，結合何存？人類思想自身的過程與一時代學說的各別形成，環煉何係？學派同化與學派批判相反相成，其間吸收排斥，脈絡何分？學說理想與思想術語，表面恒常掩蔽著內容，其間主觀客觀，背向何定？方法論猶剪尺，世界觀猶燈塔，現實的裁成與遠景的仰慕恒常相為矛盾，其間何者從屬而何者主導，何以為斷？〔註5〕

其中每一個有意義的問題都由一個或一群觀念為基礎而構成，思想史的一個重要任務就是追蹤這些觀念的來龍去脈，並做出理論化的解釋與說明。解釋這些觀念是什麼，為什麼會被人們接受和使用，它們對人的思維或行動產生了什麼影響，我們又該如何對此進行探討，清理其中的混亂。

人類在實踐和思維的漫長過程中形成了許多觀念，它們構成人類思想的基礎，離開這些觀念我們就無法進行思考。但是，人們卻日用而不知，很少注意那些對我們的思想或思維方式發生著重要影響的因素，也很少對其產生

〔註3〕（英）柯林武德：《歷史的觀念》何兆武譯，北京：商務印書館 1997 年，頁 37。

〔註4〕（美）梯利：《西方哲學史》葛力譯，北京：商務印書館 1995 年，頁 13。

〔註5〕侯外廬：《中國古代思想學說史·自序》瀋陽：遼寧教育出版社 1998 年。

和變化的過程進行深入研究。以觀念爲中心的思想史研究喚起人們對重要觀念的注意，「穿越不止一個歷史領域，即觀念以各種重要性出現於其中的那些無論是被稱爲哲學、科學、文學、藝術、宗教還是政治的歷史領域，去追溯歷史學家如此離析出來的每一個觀念。……這種研究被這樣的信念所激勵，即認爲有許多領域是相通的，這些領域比我們通常認識到的其中的一個領域要多得多。」〔註6〕由此可見，重要觀念的能量是巨大的，它滲入人類認識的諸多領域，如果我們要認識自身，理解自己和別人的思想，並做出相應的評價，那就應該研究這些重要觀念。因爲在很大的程度上它們已經成爲我們生活的一部分，成爲我們思考和做事的基礎。人類的實踐和思維本身既有廣度又有深度，因此對某些重要觀念的探討需要在廣闊深遠的背景上進行。

　　從根本上說，歷史唯物論具有探索人類實踐和思維的整體性眼光，侯外廬的中國思想史研究就以堅持這種整體性爲重要的方法論特徵：

　　　　社會存在決定社會意識，社會意識反作用於社會存在，也就是在生產力和生產關係、經濟基礎與上層建築之間的辯證運動規律的指導下，研究中國古代思想是在怎樣的社會存在中產生、演變和發展，有怎樣的歷史作用，對今天又有什麼啓示。侯外廬將歷史唯物論的指導稱爲：社會史與思想史相結合的研究；這貫穿侯外廬《中國思想通史》全書。〔註7〕

　　這種方法論衷明，社會存在和社會意識是一個有機整體，互相聯繫，互相影響，形成思想史研究的領域。因此，以觀念爲中心的思想史研究在範圍上比哲學史更寬，因爲對觀念或觀念群的探討不僅涉及哲學領域，而且還涉及觀念與社會連接互動所影響到的其它領域。

　　從思想史的整體性出發，我們認爲重要的思想觀念主要包括四個方面：首先是觀念產生和變化的社會歷史基礎，其次是與觀念有內在關係的基本問題，第三是觀念本身的內容及其思維特點，第四是觀念在歷史進程中發生的變化或產生的影響。這四個方面相互聯繫，形成一個有機的整體。

　　具體到老莊的「自然」觀念，首先，其社會歷史基礎是：西周末年，周王室衰微，政治權威沒落，西周立國思想的核心——天命觀發生動搖，政治、

〔註6〕　（美）洛夫喬伊：《存在巨鏈——對一個觀念的歷史的研究》張傳有、高秉江譯，南昌：江西教育出版社2002年，頁15。
〔註7〕　張豈之：《歷史唯物論與中國思想史研究》載《歷史研究》2007年第1期。

道德、宗教三位一體的社會面臨全面的危機。春秋戰國之際的社會變遷是由西周氏族宗法制度的動搖引起的，與此相關聯的政治、經濟、思想觀念等等在不同層次上不斷重組，逐漸形成各種複雜的關係。這個過程中，中國農耕文明的特點日趨明顯。與此同時，社會各階層流動頻繁，原先被氏族貴族壟斷的文化逐漸下移民間，私學逐漸興起，到戰國時期形成了百家爭鳴的局面。

其次，與「自然」觀念有內在聯繫的基本問題：春秋戰國之際，首要的社會歷史問題是，應否清算或如何清算西周遺制。〔註8〕這是春秋戰國時期人們所面臨的最大挑戰。與此相關聯，在思想領域，因為宗教觀念沒落，人們開始懷疑天、神、上帝，並逐漸突破商周以來宗教觀念的束縛。在農耕文明的基礎上把思想的觸角伸向天地萬物和社會人生，真正的理性思維成長起來。有識之士不再僅僅依靠宗教觀念解決問題，而是通過自身理智對人類存在的根本問題進行思索。這樣就形成了「道在哪裏」的問題，即探討天、地、人三才深層統一的問題，亦即「天道」與「人道」的關係問題。

第三，在一定的社會歷史環境和思想環境中形成的與「自然」觀念相關的思維方式及其特點，這主要表現為老子與莊子思想的創造性。以老子為代表的先秦道家思想是具有原創性的思想，這充分體現在老子的思維過程中。老子思維過程整合了經驗（experience）思維、理性（reason）思維、直覺（intuition）思維、洞察（inspiration）思維等人類思維的主要形態〔註9〕，在解決「天道」和「人道」關係的問題中，具有發散性與聚合性的突出特點。能夠擺脫心理定勢，排除獨斷論，表現出獨創性和批判性。「自然」觀念的提出是老子創造性思想最集中的體現，在老子思維過程中具有核心的地位，它將老子甚至整個先秦道家思想引向深入。莊子思想的創造性主要體現在，面對「天道」與「人道」的關係問題，提出一整套的超越性方案。莊子思想創造性主要表現為全面綜合、超前推進以及強烈的懷疑和批判精神。莊子對老子思想及其「自然」觀念進行了深化，化解老子「道」論中本體論與生成論的根本矛盾，深化了老子「常」、「有無」、「反」等觀念。以兩行的態度、懷疑的方法、深層

〔註8〕 參見侯外廬、趙紀彬、杜國庠主編：《中國思想通史》（第一卷）北京：人民出版社1957年，頁133。

〔註9〕 參見葦德順主編：《老子思想的現代價值》一書載張豈之《老子研究的新收穫》一文。當代認知科學認為人類有四種主要的思維形態，即：感知思維、形象思維、抽象思維、靈感思維，參見史忠植編：《認知科學》中國科學技術大學出版社2008年，頁357。

的直覺、靈活的語言、豐富的想像、超越的精神創造了一系列新觀念、新用法，對「道」、「自然」等觀念進行深入的解釋，將「自然」觀念引入更豐富、更開放、有更多可能性和差異性的世界。超越性是莊子「自然」觀念的主要特點，它包括謹慎和虛靜並重的體驗，對現實世界的開放性認知，在行爲方面勤勉、實踐、創造的態度，站在較高層次上的全面反思。

　　第四，「自然」觀念是道家最爲重要的範疇，對中國古代思想的發展產生巨大的影響。老子「人法地，地法天，天法道，道法自然」的命題可視爲道家思想的核心綱領。它強調人與其所處的現實世界具有統一性，這種統一性需要運用深刻的沉思才能認識和獲得。「自然」觀念是「道」的深層意義，老子、莊子對「道」的探索從根本上說也是對「自然」觀念的探索。「老子哲學最抽象、最具哲學味的也正在這一命題。沒有這一命題就沒有道家哲學。有了這一命題，老子哲學才最玄虛、深奧而極富思辨性。這一命題也正是道家哲學直至今天仍具有生命力的根源。這一命題也是道家給予儒家學說提供的最後的理論基石，也是儒道互補的基礎。中國文化的根底之所以全在道家道教，原因在於其基本理論就是道法自然。」〔註10〕由此可見，「自然」觀念對中國古代思想及其思維方式發生了深刻的影響。

2.　本選題研究現狀簡述

　　近現代涉及先秦道家的相關著作中，幾乎都指出「自然」是道家最重要的觀念，但還缺乏對其產生與變化進行系統論述的專著。

　　首先，自胡適以來，大多數著作都肯定了老子思想的突破性意義，但是將老子思想與中國文明特點聯繫起來進行探討的著作還不多。郭沫若的《先秦天道觀之進展》，以天道觀爲主線探索中國思想從有文字記載以來到春秋戰國時期的發展脈絡，文章指出：『道』這個觀念爲老子所發明，是毫無疑義的……於『道』之上又列出『自然』來，所謂『自然』當然是指天地中一切雲行雨施的變化，讓『道』來取法乎它是連『道』也失掉了它的至上性了。這些地方正表現著老子思想的未圓熟，也表現著他的苦心處，他對於他自己所產生出的『道』的來歷確實是還在苦心探索著的。」〔註11〕雖然郭沫若把

〔註10〕孫以楷：《老子通論》合肥：安徽大學出版社 2004 年，頁 152。

〔註11〕郭沫若：《中國古代社會研究（外二種）》石家莊：河北教育出版社 2004 年，頁 273。

「自然」觀念等同於自然界的傾向值得商榷，但他提醒我們老子思想不是一蹴而就的，而是有一個具體的發展過程，它是符合歷史和思想發展的事實的。侯外廬在《中國思想通史》中對老子思想的研究注重發掘老子思想的社會基礎，強調老子自然天道觀的進步意義，指出老子的基本方法論是把絕對自然秩序引用到絕對社會秩序的抽象認識。認為老子企圖調和實體自由與主觀自由，結果是一種幼稚的內心消解，正是亞細亞生產方式的不成熟性在思想上的反映。任繼愈《老子繹讀》對《老子》書做了比較準確的注解和闡釋，有助於我們深入理解老子思想。同時也對老子思想源流進行了簡明扼要的分析，指出老子思想與春秋社會的關係。孫以楷《老子通論》對老子其人其書都有詳細的考辨，並從《周易》、《尚書》等古籍關於古之道術的記載討論老子思想的來源。他特別強調「道法自然」這一命題是道家思想的根本命題。上述著作對我們深入探索「自然」觀念的產生具有重要的啟示意義。

其次，對老莊「自然」觀念的產生和變化進行分析，需要對中國古代文明的特點有所認識，這就應結合考古成果和地下文獻進行比較深入的研究。這方面的代表性著作有：李濟《中國文明的開始》、《安陽》，張光直《中國青銅時代》（初集、二集）、《神話、考古與祭祀》、《考古學六講》，蘇秉琦《中國文明起源新探》、裘錫圭《中國出土古文獻十講》等。這些著作從考古學和文獻學角度為我們探索中國文明起源及其特點提供了比較堅實的證據和解釋，有助於清理一些範疇之間的關係並進行理論上的延伸。

第三，二十世紀以來對《莊子》進行注釋與系統研究的著作很多，但對莊子道論的具體發展過程還需進一步論述，以便探討莊子對老子思想的闡釋和莊子的「自然」觀念。研究《莊子》的許多著作的共同特點就是考據和義理相結合。張恒壽《莊子新探》詳細考論《莊子》書內、外、雜篇，指出莊子對「道」的探索有一個逐漸推進的過程，是研究莊子思想的關鍵所在。劉笑敢《莊子哲學及其演變》也是考據與論述相結合的力作，該書運用漢語史知識分析道、德、性、命等範疇，根據漢語單音詞形成在前複音詞形成在後的規律，證明《莊子》內篇成書早於外雜篇。崔大華《莊學研究》對莊子其人其書進行探討，描述莊子生平，辨析莊子身世，考察《莊子》書從古到今的演變過程。在詳細考論的基礎上，從自然哲學、人生哲學、社會批判、莊子思想的認識結構、莊子思想的文學特質和古代科學背景等五個方面深入討論莊子思想，揭示莊子思想的內在聯繫和邏輯結構。接著作者又考察莊子思

想與歷史上主要思想理論體系之間的關係。孫以楷、甄長松合著的《莊子通論》發掘《莊子》書的史料價值，認爲《莊子》書是關於道家源流最古、最豐富、最完整的一手材料，對其中所涉及的道家人物及其學術傳承進行了考察。並且詳細論述了莊子以其後學的人生哲學、自然哲學、認識論。王博《莊子哲學》以莊子的處世哲學爲核心，以《人間世》篇爲樞紐對《莊子》內七篇做了有一定深度的哲學解讀。

　　第四，對老莊「自然」觀念進行詳細討論的專著和論文較少，還有待進一步深入。錢穆《莊老通辨》是一部論文集，主要內容是通過對先秦學派傳承的考察，推論《老子》成書在莊子之後。該書中有文章討論郭象《莊子注》中的「自然」觀念，認爲「自然」觀念在先秦道家中尙未成熟確立，西漢《淮南子》一書出後，「自然」觀念才流行開來，郭象《莊子注》用自生自化說對莊子「自然」觀念進行了改造。這是對「自然」觀念進行專門討論的較早的論文。陳鼓應在《老莊新論》及其對《老子》、《莊子》的翻譯評介中都對「自然」觀念的思想史意義進行了高度評價，認爲：「老子所說的『道法自然』，即是『道』性自然的意思。這個觀點爲莊子學派所繼承，對於天地萬物生長發展，從自然的觀點加以解釋，而揚棄上帝作爲的說法。他們所重視的乃是『道』的自然性與自發性，他們推翻了神的創造說與主宰說，這在人類思想史上邁進了一大步。」〔註12〕劉笑敢《老子古今——五種對勘與析評引論》對老子傳世版本和地下出土資料做了詳細的校勘並進行了評論。關於「自然」觀念，作者認爲其主要意涵爲「自己如此」、「本來如此」、「通常如此」、「勢當如此」，包含了自發性、原初性、延續性和可預見性四個方面，指出「自然」作爲哲學概念強調了動力的內在性和發展的平穩性。王慶節的論文《老子的自然觀念：自我的自己而然與他者的自己而然》將「自然」區分爲「積極意義」和「消極意義」兩個方面，從自我和他者的角度詮釋自然無爲的意義。這些論著將有助於我們繼續探討「自然」觀念。

　　第五，國外漢學家也對道家「自然」觀念進行了探討。葛瑞漢在其代表作《論道者》中指出自然是行動之初對情況做出的整體的客觀的反應。李約瑟《中國科學技術史（第二卷）》中認爲道家「自然」肯定了科學的自然主義。史華慈《古代中國的思想世界》指出《老子》書中的「自然」是人們日常經驗所感受到的自然，與科學的自然主義不同。法國漢學家弗朗索瓦・於連《聖

〔註12〕陳鼓應：《老莊新論》上海：上海古籍出版社 1992 年，頁 189。

人無意──或哲學的他者》從整體性與事物發展的內在過程來理解「自然」。郝大維、安樂哲合作撰寫了《通過孔子而思》、《期望中國》、《漢哲學思維的文化探源》、《道不遠人──比較哲學視域中的老子》等多部論著探討中國古代的思想文化，從中國哲學傳統的特點出發，對中西文化進行了整體性的比較，概括出中西文化的基本特徵。他們認為道家「自然」觀念強調的是世界流變過程中的自發性。陳漢生《中國古代的語言和邏輯》通過中西比較探討中國古代的語言和邏輯，提出隱含在中國古典思想中的關於語言的四個假定，涉及語言的起源、功能、處理的對象等方面。他還討論了道家在中國哲學史上的地位，認為在整體的中國哲學史中，道家的觀點較之儒家更有意義。海外漢學家對中國古代思想的探討中，有些觀點富有啓發性，值得參考借鑒，但同時也應關注他們對中國古代思想的整體態度及其西方哲學背景，否則容易人云亦云，牽強附會。

　　第六，從文學、美學角度探討「自然」觀念的著作也能對我們的研究有所啓發。李澤厚在《美學四講》中對自然美進行了深入的討論。認為自然美是哲學美學處理的問題，它關係到美的根源和本質。葉朗《中國美學史大綱》全面系統地論述中國歷代美學思想，對古典美學的諸多觀念進行了考察。認為老子美學是中國美學的起點，老子和莊子的美學以探討「眞」和「美」的統一為中心，而他們所說的「眞」就是「道」，就是「自然」，「『道』的特點是『自然』，『道法自然』，所以『妙』又出於『自然』……『妙』的特點是體現『道』的無規定性和無限性。『妙』出於自然，歸於自然。」〔註13〕葉維廉《道家美學與西方文化》從文藝理論的角度討論道家美學對中國傳統文化及其現代西方文化的影響，認為道家美學的核心是任萬物不受干預、不受侵擾地自然自化。彭鋒《完美的自然──當代環境美學的哲學基礎》從當代環境美學關於自然美的討論出發，論述中外美學史上關於自然美的有代表性的思想，其中涉及到莊子思想對自然全美的支持。劉成紀《自然美的哲學基礎》對自然美的主體基礎、物性根基以及理論重建進行了討論，指出在中國美學中，自然狀態就是事物的原初存在狀態，具有本源性。該書還探討了農耕經驗與自然經驗的關係，認為農業文明將人與大地緊密聯繫在一起，為古典美學提供了堅實的背景。

　　總之，「自然」是一個複雜的觀念，可以從多角度對其進行研討。但是，

〔註13〕葉朗：《中國美學史大綱》上海：上海人民出版社 1985 年，頁 35～36。

對「自然」觀念產生和變化的過程特別是對老莊「自然」觀念進行集中考察
的論著不多，本文嘗試在這方面做一些初步的工作。

3. 研究方法

　　關於研究方法，我們將在文中隨著思路的展開進行詳細論述，在此先簡
單列舉如下：

　　社會史與思想史相結合的方法。通過對中國古代社會歷史發展趨勢的考
察，指出西周以來的天命思想一方面懷疑天，另一方面又傲仿殷人極端地尊
崇天，提出天命靡常和以德配天，用「德」和「禮」作為天與人之間溝通的
橋梁，將統治者權力的最終來源歸之於天，用勝者天所助、敗者天所滅來解
釋統治的合理性。這蘊含著一個自身否定，既然沒有任何一個氏族或宗族能
把天（上帝或神界）據為己有，人世間的爭雄因此立於一個在宗教上公平不
偏的基礎上。天命觀的動搖是帶來春秋戰國時期舊秩序崩潰的思想根源。老
子「道」論的提出即是對天命觀的否定，「道法自然」是對「道」的進一步探
索。老子提出「道」論，把「自然」作為最高原則，將自然秩序引用到社會
秩序之中，力圖從根本上說明公權的來源（天道）及其運用原則（自然無為），
這與中國文明的起源和特點是有密切關聯的。我們也將通過考古資料和相關
理論著作，認識亞細亞生產方式對中國思想的影響，探討中國思想的特點，
說明道家思想的意義。

　　認知科學的方法。思想史探索思想觀念產生和變化的過程及其深層原
因，而認知科學的主要目的是對人類的思維活動進行解釋，二者都深入關注
人類思想意識的發展過程，具有深刻的內在聯繫，必將在人類思想研究的路
途上相遇並攜手前行。認知科學對人類思維所做的研究為我們深入考察思想
觀念的產生和變化提供了新的角度，它涉及注意、意識、記憶、知覺、語言、
問題解決、創造性、決策、推理等人類思維的各個層面，為思想史提供了廣
闊的視野。使得我們可以更深入地對哲學思想、邏輯思想、社會思想進行綜
合研究，瞭解人類思想辯證發展的過程。（詳見第二章第二節的相關論述。）

　　與形式語言學從語言結構內部對語言現象進行解釋的研究範式不同，認
知語言學探索語言在人類認知過程中所起的作用並對此進行解釋。認知語言
學把語言作為一項認知活動來考察，它關注思想觀念的形成過程，關注語言
意義的變化，主張深入挖掘語言現象背後的心理活動特點和社會歷史基礎。

正是在這種意義上，認知語言學的方法可以構成中國思想史研究的重要環節，深化我們對思想觀念的理解。認知隱喻學是認知語言學的重要組成部分，認知科學的研究發現，人類思維具有隱喻性的特點。借鑒認知隱喻學的方法有助於我們探討思想觀念中蘊含的思維方式，從而深入理解中國古代思想的特點。（詳見第二章第一節的相關論述。）

4. 研究思路

根據上述討論，將本文分為四章，每章兩節，各章思路如下：

第一章論述西周和春秋戰國時期社會與思想變遷大勢，通過考古和歷史文獻探索思想觀念生成和變化的歷史基礎。指出當時所面臨的主要問題是應否清算或如何清算西周遺制的問題，反應在思想方面就是「天道」與「人道」的關係問題。這一章主要是為進一步分析「自然」觀念的產生和變化進行社會歷史方面的探討。

第二章在第一章的基礎上論述先秦道家「自然」觀念的產生。「自然」觀念是老子首先提出並作為核心觀念使用的，從某種程度上說，老子思想的創造過程就是「自然」觀念產生的過程。因此，我們深入討論了老子思想的淵源和老子思維的創造性，亦即老子思想的繼承和創新，討論認知科學以及思維和語言的關係，並由此具體說明「自然」觀念的產生。

第三章分析老子「自然」觀念的意義。首先列舉了各個時期人們對老子「自然」觀念所進行的解釋並做了簡單的評價。然後，論述認知語言學和認知隱喻學的方法論意義，為分析「自然」觀念打下基礎。進而運用認知語言學和認知隱喻學的方法解析「道法自然」這個核心命題，總結出老子「自然」觀念的特點。

第四章討論莊子的「自然」觀念。首先說明莊子對老子思想的繼承和超越主要表現在哪些方面，在此基礎上分析莊子的「自然」觀念。指出莊子對老子思想進行了全面的深化，用「道兼於天」的命題代替了老子「道法自然」的命題，化解老子思想中本體論與生成論的矛盾，突出了「自然」觀念的超越性特徵。

總之，本文嘗試運用社會史與思想史相結合的方法分析老莊「自然」觀念產生的社會歷史基礎，用認知科學及其認知語言學、認知隱喻學的方法分析「自然」觀念的意義。揭示以「自然」觀念為基礎的思維方式的特點，從

而深入地刻畫道家思想在中國古代思想史中所起的作用，爲進一步探索中國
古代思想的整體特點準備條件。

第一章 「自然」觀念產生和變化的歷史基礎

　　「思想史係以社會史爲基礎而遞變其形態。」〔註1〕因此，把「自然」觀念的產生和變化放到社會歷史變遷的過程中進行考察將有助於我們理解「自然」觀念的思想史意義。這種考察的路線是沿著思想與社會的內在聯繫，探索一些基本的問題，進而對「自然」觀念做出細緻的分析。

　　對中國古代社會及其思想進行深入研究的代表性著作是郭沫若於 1930年出版的《中國古代社會研究》和作於 1935 年的《先秦天道觀之進展》，他的研究從人類社會發展的普遍規律出發，運用唯物史觀分析和批判中國古代的社會機構和意識形態。侯外廬的中國思想史研究受到王國維、郭沫若等的影響，但他從研究社會的一般構成即社會經濟形態出發，著力探索中國古代社會和思想的特點，「在一般的歷史規律上，我們既要遵循著社會發展的普遍性，但在特殊的歷史規律上，我們又要判別具體的社會發展的具體途徑。」〔註2〕侯外廬對社會與思想的關係進行了具體的、動態的和過程的系統研究，提出了很多問題，其中最爲重要的兩個就是：中國古代文明起源的具體路徑問題和中國古代社會意識問題。

　　侯外廬認爲，中國古代社會（即奴隸制社會）走的是「亞細亞的古代」的改良路徑，和「古典的古代」的革命路徑是同一個歷史發展階段的兩種不同路

〔註1〕侯外廬、趙紀彬、杜國庠主編：《中國思想通史》（第一卷）北京：人民出版
　　　社 1957 年，頁 28。
〔註2〕侯外廬：《中國古代社會史論》石家莊：河北教育出版社 2000 年，頁 6。

徑。〔註3〕亞細亞生產方式表現爲，在從氏族社會走向文明社會的過程中保留了舊有氏族組織的殘餘，氏族血緣對生產關係、政權組織和社會意識發生著嚴重的影響，由此造成中國古代社會的一系列基本特點。侯外盧對中國古代社會和思想的研究正是循著氏族貴族統治的形成、發展和衰落這一線索進行的。

值得注意的是，隨著中國考古成果的不斷增多和考古學的發展，中國文明的起源及其特點也成爲考古學界熱烈討論的重要問題。圍繞中國文明起源、形成和發展逐步達成了一些主流認識，指出：「自舊石器時代以來文化發展的連續性和獨特性，決定了中國文明起源的獨立性。」〔註4〕從舊石器時代起，中國文化就不是封閉和孤立的，其發展是複雜和不均衡的，蘇秉琦將中國文化劃分爲六大區系若干類型進行研究，並把中國歷史的基本國情概括爲：「超百萬年的文化根系，上萬年的文明起步，五千年的古國，兩千年的中華一統實體。」〔註5〕這一概括的立足點在於從宏觀上揭示中華民族多元一體的結構，並從這個結構解釋文化的碰撞與融合。這些成果是值得思想史研究借鑒的。

本章分兩節論述西周和春秋戰國時期社會與思想的變遷大勢，從社會史的角度說明思想生成和發展的歷史基礎，爲探索「自然」觀念的產生和變化進行理論上的準備。

第一節　西周的興衰

1. 殷商社會概況

在中國早期的歷史上，夏商周三代有著密切的聯繫。從文明進程的角度來看，夏商周之間既是橫向的平行並列關係，又是縱向的繼承關係。橫向的平行並列關係是指，在國家的形成過程中，夏商周是作爲三個不同的政治集團出現的，「在夏商周三代中夏商周三個國都是同時存在，只是其間的勢力消長各代不同便是了。」〔註6〕縱向的承繼關係是指，夏商周三代在社會組織以

〔註3〕參見侯外盧、趙紀彬、杜國庠主編：《中國思想通史》（第一卷）北京：人民出版社 1957 年，頁 11～12。

〔註4〕李伯謙：《中國古代文明起源與形成研究的回顧與展望》載《鄭州大學學報》2003～5。

〔註5〕蘇秉琦：《中國文明起源新探》北京：生活・讀書・新知三聯書店 1999 年，頁 176。

〔註6〕張光直：《中國青銅時代》北京：生活・讀書・新知三聯書店 1983 年，頁 46

及文化發展上具有連續性，在考古發現方面，三代的城郭都有共同的特徵，可以斷定：「三代在政治繼承制度即王制上，和在國家的政治構築形態上來看，是屬於同一發展階段的，即是介於部落（史前時代）與帝國（秦漢）之間的王國階段。」〔註7〕這種承繼關係就是孔子所說的：「殷因於夏禮，所損益，可知也；周因於殷禮，所損益，可知也。」〔註8〕夏商周三代的社會不是孤立地直線發展的，而是在複雜的政治權力鬥爭和文化碰撞下從同時期的列國之中脫穎而出的，具有政治影響力和文化凝聚力的中心。隨著社會複雜程度的增加，這些中心必須面對來自內部和外部的各種挑戰，在繼承傳統和開拓創新之間形成巨大的張力，它們的存亡取決於能否在各種力量之間維持一種高難度的平衡。

西周承繼殷商而來，對殷商原有的各項制度自有一番「損益」。在考察西周社會以前，我們從生產方式入手先對殷商社會做一概述。

「所謂生產方式，在馬克思《資本論》全書一百多條論述之中，是指『特殊的生產資料與特殊的勞動力二者之間的結合關係』。」〔註9〕具體地說，生產方式就是生產條件的所有者和直接生產者之間的關係，它們的結合方式把全社會的構成顯示出來。古代中國採取的是亞細亞生產方式，走的是改良維新的路徑，「土地氏族國有的生產資料和家族奴隸的勞動二者間的結合關係，這個關係支配著東方古代的社會構成，它和『古典的古代』是同一個歷史階段的兩種不同路徑。」〔註10〕具體到殷商社會來說，當時的直接勞動者是「族眾」或「眾人」，奴隸勞動所佔的比例不大。農業生產還處在庭園耕植的階段，採用大群勞動力集體協作的耕作方式，生產技術還較幼稚，尚未達到精耕細作的水平，同時畜牧業佔有重要的地位。城市和農村的分裂已經出現而且處於日趨複雜的發展之中。侯外廬由此斷定，「支配殷代的生產方式，是氏族公社所有的畜牧和農業生產資料與氏族成員主要的共同勞動力二者間之結合。」〔註11〕

社會作為一個龐大的整體，整合政治、經濟、思想觀念的諸多方面形成

～7。
〔註7〕張光直：《中國青銅時代》北京：生活・讀書・新知三聯書店1983年，頁34。
〔註8〕楊伯峻：《論語譯注・爲政》北京：中華書局1980年。
〔註9〕侯外廬：《中國古代社會史論》石家莊：河北教育出版社2000年，頁11。
〔註10〕侯外廬：《中國古代社會史論》石家莊：河北教育出版社2000年，頁27。
〔註11〕侯外廬：《中國古代社會史論》石家莊：河北教育出版社2000年，頁55。

相互作用的網絡，從考古學來看：「商的文化是一個多方面的綜合體，融彙了很多不同文化源流。殷文化之基礎深植於甚早的史前時期；稻米文化的發展及附著於此一文化之整體，說明了殷商帝國之經濟基礎是典型東亞的，並且是在原地發展起來的。」〔註 12〕在古代中國社會這樣的綜合系統中，氏族貴族掌握的城邑起著凝聚核心的作用。殷商時代，城邑處在不斷的成長之中，從考古成果來看，自 1928 年發掘安陽殷墟以來，已陸續發現先商、早商及晚商遺址多處，並對商代政治權力中心的所在有了一定的認識，「鄭州商城為商代早期亳都，偃師商城為商代早期西亳，（鄭州）小雙橋遺址可能為仲丁隞都，洹北商城可能為河亶甲相都，邢臺曹演莊、東先賢可能為祖乙刑都，安陽小屯為盤庚所遷及紂滅之殷都。」〔註 13〕城邑的生存發展必須依靠相當的經濟基礎，其中最主要者包括土地、農作物、畜牧產品、勞動力、青銅器等。商代青銅製造技藝已經達到很高的水平，但是，青銅沒有被普遍用於勞動生產的過程中，「由發掘或由其它方式出土的殷代銅器中，有大量的兵器、祭器，有不少也不太多的工具，而幾乎沒有農具。」〔註 14〕青銅這種重要的資源主要被用來製造兵器、禮器，以捍衛其統治，顯示氏族貴族的威靈，這種現象就是所謂：「國之大事，在祀與戎」了。（《左傳》成公 13 年）〔註 15〕既然先進的技術被統治者壟斷而不能用於生產過程以提高生產效率，那麼，社會財富的積累就只能靠增加勞動量來完成。從殷墟卜辭來看，殷代農業及軍事的直接勞動者為眾及眾人。奴隸主要來源是戰俘，數量很多，但主要用來供貴族祭祀殉葬。〔註 16〕青銅製造等先進技術被權力壟斷而不能用於生產領域，以社會財富的積累為目標的生產勞動與軍事活動完全依靠眾人，對眾人的統治就成為政治權力的重要方面，政治和財富緊密結合在一起，「在古代中國，財富的攫取需主要憑藉政治權力；而財富又是獲得和保持這種權力的條件。」〔註 17〕

〔註 12〕 李濟：《中國學術經典·李濟卷·中國文明的開始》石家莊：河北教育出版社 1996 年，頁 405。

〔註 13〕 李伯謙：《中國古代文明起源與形成研究的回顧與展望》載《鄭州大學學報》 2003 年第 5 期。

〔註 14〕 陳夢家：《殷虛卜辭綜述》北京：中華書局 1988 年，頁 542。

〔註 15〕 楊伯峻：《春秋左傳注（修訂本）》北京：中華書局 1990 年。

〔註 16〕 參見胡厚宣：《甲骨學商史論叢初集》石家莊：河北教育出版社 2002 年，頁 144、145、151。

〔註 17〕 張光直：《美術、神話與祭祀》瀋陽：遼寧教育出版社年版 2002 年，頁 97。

古代城邑所積累的財富是與政治權力結合在一起的，因此城邑的建造是政治行為的表現，在考古材料中，一系列相互聯繫的實物形態反映出政治權力運行所起的聚斂作用，例如，在商代二里岡期與殷墟期的考古材料中，至少可以看到以下幾項：

　　　　（1）夯土城牆、戰車、兵器；（2）宮殿、宗廟與陵寢；（3）祭
　　　祀法器（包括青銅器）與祭祀遺迹；（4）手工業作坊；（5）聚落布
　　　局在定向與規劃上的規則性。〔註18〕

我們可據此推論，城邑的統治者具有很高的政治權威，權力的運用在整個社會生活中佔據核心地位，而且這種權威通過一整套完備的宗法制度以及與此相應的觀念系統獲得合法性。城邑積聚的大量財富經常有被掠奪的危險，國與國之間的戰爭劇烈而頻繁。

　　總起來說，氏族是商代社會的基礎，統治階級與普通民眾都生活在氏族之內，氏族由上到下有等級的區別。城邑掌握在氏族貴族手中，政權組織和血緣關係混合在一起。由於夏商周三代在社會組織和文化發展上的連續性，商代的社會和文化對西周有重要影響。從歷史的眼光來看，「自然」觀念產生的社會和文化基礎遠在商周時代就在形成過程之中了。

2. 殷周之際的社會變遷

　　如上所述，夏商周不僅是三個連續朝代，而且也是三個政治集團，在國家的形成過程中，它們之間的勢力各有消長。商王武丁之時，周人與商人的戰爭和交流開始頻繁起來。武丁之後，周人臣服於商。實際上，商與周的關係長期處於臣屬和對抗的交織之中。二者關係密切，從考古學的角度看：「殷周文化各淵源於不同區域的龍山文化，而且在形成過程中互有影響，因此兩個文化是屬於同一個文化傳統——中原文化——的，但殷文化形成較早，影響力較強，同時周文化也有他的地方性、區域性特色。」〔註19〕

　　在一個長時段內，殷商社會的內外處境發生著複雜微妙的變化，並且在此過程中與周人發生關係，這些變化在商周之際明顯地表現出來。

　　王國維認為，殷周之際發生著新舊制度與文化的深刻變革，他從三個方

〔註18〕張光直：《中國青銅時代（二集）》北京：生活·讀書·新知三聯書店 1990 年，頁 5。

〔註19〕張光直：《中國青銅時代》北京：生活·讀書·新知三聯書店 1983 年，頁 105。

面來說明周人制度大異於商：

> 一曰立子立嫡之制，由是而生宗法及喪服之制，並由是而有封
> 建子弟之制、君天子臣諸侯之制；二曰廟數之制；三曰同姓不婚之
> 制。此數者，皆周之所以綱紀天下。〔註20〕

在《中國古代社會研究》中，郭沫若運用王國維關於殷周之際發生劇烈
變革的論點，論證中國古代社會的發展，指出殷代社會處於原始公社的末期。
但在 1945 年出版的《十批判書》中，郭沫若認為王國維《殷周制度論》是基
於「周公製作之本意」的舊觀念立論的，而周公制禮作樂的說法多半為東周
儒者的託古改制，因此，「以這樣從基本上便錯誤了的論文，而我們根據它，
至少我們可以說把歷史中飽了五百年。」〔註21〕郭沫若所作的批判是有道理
的，王國維在《殷周制度論》中片面強調了殷周之際急劇變革的一面，卻忽
視了周對商有所繼承的一面。李濟將王國維殷周之際社會變革的論點歸納為
兩點：「其一是長子繼位制的確立和兄終弟及制的廢除，這消除了家族糾紛的
根源之一……其二是嬰兒隨母親的身份不同，即為第一個妻子所生還是妾所
生，社會地位也不同。這種社會分層導致家庭結構進一步變化。」〔註22〕李
濟根據對安陽殷墟的發掘與研究提醒人們詳細考察商朝的世系，重視商王室
的某些顯著特徵，商末最後四王的繼承關係特別值得注意，當時生母的身份
高已經成為王位繼承的先決條件。如果情況真如李濟所提示的，那麼沒有繼
承王位的王子的政治地位又是怎樣的，商代是否有類似封建制的制度。胡厚
宣通過對殷墟卜辭的詳細研究寫出《殷代封建制度考》和《殷代婚姻家族宗
法生育制度考》兩篇論文，回答了李濟所提的問題，反駁王國維的殷周革命
之說，認為西周的制度並非與殷商截然不同，而是從商代漸漸演化而來。他
指出了殷代婚姻家族宗法的演進過程：

> 殷代由一夫一妻，進而為一夫多妻，其目的在生子有後，廣
> 嗣重祖，與祭祀方法之由簡而繁，由疏而密之事，正成對比，則
> 殷代必已進至家族演成之盛期，其事至明。即其社會之組織，實
> 以家族為單位，家族者乃一經濟祭祀之團體，其全權操之父家長，

〔註20〕王國維：《觀堂集林（外二種）》石家莊：河北教育出版社 2003 年，頁 232。
〔註21〕郭沫若：《中國古代社會研究（外二種）》石家莊：河北教育出版社 2004 年，
　　　　頁 482。
〔註22〕李濟：《安陽》上海：世紀出版集團，上海人民出版社 2007 年，頁 186。

> 子孫欲其眾多，祭事欲其永繼。國家之權，則操之王之一族。又
> 以妻子既多，乃有傳子之制，由是而漸有嫡庶之分，漸生宗法之
> 制。又因妻子眾多，又遂有封建之制。凡此種種，皆即周代以來
> 宗法家族制度之前身。周之制度，非大異於商代，乃由商代逐漸
> 演化而成也。〔註23〕

胡厚宣認為，殷代自武丁以降，確已有封建之制。他同時指出：「《殷周制度論》前在學術界所公認以為不刊之論者也，然由今日觀之，已十九皆當更正。」〔註24〕由此看來，殷周之際革命說有片面之處，沒有注意到殷周之間存在很強的連續性。

殷周文化之間有很強的連續性，這種連續性的一個顯著的特點就是血親製度的頑固，以血緣為紐帶的氏族貴族左右著政治權力。隨著時間的推移和人口的繁衍，各個氏族之間發生複雜的聯姻關係，氏族內部成員也因與祖宗血緣的遠近親疏而有輩分層級之別。整個社會形成一張複雜的血緣譜系網絡，政治組織是建立在這樣的網絡之中的。這樣的政權必須面對和處理的問題有：（1）國家內部統治者與被統治者之間的關係；（2）同姓諸國公室之間的政治關係；（3）異姓諸國公室之間的政治關係。〔註25〕總之，如何協調血緣組織和政治權力之間的複雜關係是商周社會最具挑戰性的問題。

侯外廬說：「殷、周之際，殷人也可能產生社會變革，不獨周人而已。」〔註26〕殷周統治者在各自的環境和具體條件下採取不同的措施以應對血緣與政治權力帶來的挑戰，這決定著殷周國家的存亡。殷周實力相比，商人遠勝於周。周人初起時，只據有涇渭流域的狹窄谷地。而商王國則佔有中原，從商代遺址來看，東到海，北到河北藁城，南到湖北盤龍城，地廣而人多。由文獻與考古資料來看，周人的國勢不能與商抗衡，周人的生產能力至多與商人處於同一水平，沒有突破性的發展。從軍事力量的對比來看，周人的兵種與武器和商人的差別並不顯著，而且周人的兵力沒有商人多。〔註27〕周人能以

〔註23〕胡厚宣：《甲骨學商史論叢初集》石家莊：河北教育出版社 2002 年，頁 104。
〔註24〕胡厚宣：《甲骨學商史論叢初集》石家莊：河北教育出版社 2002 年，頁 133。
〔註25〕參見張光直：《中國青銅時代》北京：生活‧讀書‧新知三聯書店 1983 年，頁 299～302。
〔註26〕侯外廬、趙紀彬、杜國庠主編：《中國思想通史》（第一卷）北京：人民出版社 1957 年，頁 16。
〔註27〕參見許倬雲：《西周史》北京：生活‧讀書‧新知三聯書店 2001 年，頁 77～88。

弱勝強,主要由於在以下幾個方面取得進展,走到了殷商社會變革的前面。第一,周文化比商發達較晚,國家組織處在不斷完善之中,能夠取長補短。第二,周人在戰略上對商步步緊逼,逐漸對商形成包圍之勢。第三,商代社會已有一套較為固定的國家體制,但面對氏族血緣關係日趨複雜所帶來的種種難題,也沒有協調好氏族之間的關係,造成改革派與守舊派之間的衝突。同時商人過於依賴對外的征伐和繁冗的宗教禮儀維繫其統治。

第一,周文化較殷商為後起,能夠團結本族,收服周圍氏族為己所用,完善國家機構,建立城邑,發展生產。殷王武丁之時已有封建之制,殷商社會內部正發生著變革,但殷商社會被血緣氏族關係束縛著,變革十分艱難。周人從古公亶父(大王)開始,勢力逐漸強大起來,「古公亶父復修后稷、公劉之業,積德行義,國人皆戴之……及他旁國聞古公仁,亦多歸之。於是古公乃貶戎狄之俗,而營築城郭室屋,而邑別居之。作五官有司。民皆歌樂之,頌其德。」〔註 28〕周人在這時進入了殷商的勢力圈,在戰略上一點點逼近殷商,這就是《詩·魯頌·閟宮》描述的:「后稷之孫,實維大王。居岐之陽,實始翦商。」〔註 29〕大王之後,周人的領袖王季(季歷)、文王與殷商互有征伐,同時又通過聯姻維持著君臣關係。兩個政治集團之間的較量已經展開。

第二,周人在戰略上勝過殷商,經過幾代人的經營,周人收服其附近諸邦國,並從東北、東面、東南三面對殷商形成包圍之勢:「先是對岐周附近諸幫之清除,繼對東北東南之經營,所謂『經之營之』,不僅在臺沼之建設也。在晉南一帶早已遍佈諸姬,而虞仲之奔虞,更為宗周東下之東道主,崤函北道,固以為宗周所掌握。東南地區,所謂漢陽諸姬,武王東征時已有移殖,而武王伐紂時之與國,如庸蜀羌髳微盧彭濮人多處於今陝西、湖北間,漢水流域者,逼近『諸姬』地區,乃宗周之與國或附庸。」〔註 30〕

第三,相對於周人的經營和野心,商人採取的一系列行動並未收到應有的效果。商代的氏族經過幾百年的發展,由一個母族演化出眾多分支宗族的情況更為普遍,氏族內部及氏族之間的關係非常複雜。這種情況又和政治權利的分配糾纏在一起,束縛住了殷人的手腳。末代的幾個商王特別是帝辛(紂)可能著手對血緣和政權糾結的局面進行改革,但成效都不大,反而弄得「離心離

〔註 28〕 (漢)司馬遷:《史記·周本紀》北京:中華書局 1982 年。
〔註 29〕 程俊英、蔣見元:《詩經注析》北京:中華書局 1991 年,頁 1012。
〔註 30〕 楊向奎:《宗周社會與禮樂文明》北京:人民出版社 1997 年,頁 113。

德」，激起一幫「舊人」的反對。武王就數落紂王說：「昏棄厥遺王母弟，不迪；乃惟四方之多罪逋逃，是崇是長，是信是使，是以為大夫卿士，俾暴虐於百姓，以奸宄於商邑。」〔註31〕同時，商人在紂王時專注於對東夷的戰爭，消耗國力，這也是商人失敗的重要原因，「紂克東夷，而隕其身。」(《左傳》昭公 11 年) 另外，商人繁冗的宗教禮儀也束縛著統治者的觀念。殷人的宗教信仰以祖先崇拜和自然崇拜為主，「殷代社會保存著氏族整體的制度，在觀念世界亦當然呈現出氏族整體的全能一元神。地下的一對天上的一，這是分工缺乏的意識的反映。先祖不是一般的上帝，而是先祖=上帝的宗教形態。」〔註32〕祭祀祖先的程序和儀式非常繁複，在帝乙、帝辛時，對祖先個人和集體的祭祀大約要一個曆法年才能完成一輪。在殷商後期，祭祀的主要儀式增加了，民眾和王室還有其它方面的信仰。祭祀時有隆重的音樂和歌舞，精美的祭器盛著各種肉食和穀物，同時要奉獻各種犧牲。所有的儀式都用酒。〔註33〕這種信仰賦與商王極大的政治權威和精神支持，同時也抑制著商人奮進改革的熱情。紂王在周人直叩天邑商的大門的時候，還對驚恐的祖伊說：「我生不有命在天。」〔註 34〕但這已是商人覆滅前最後的傲慢了。

3. 殷周之際思想觀念的變化

武王克商後，周人雖然取得軍事上的勝利，但並沒有完全征服殷人，殷人還保有很強的實力。周人滅商之後必須整合各種力量以達到社會的平衡發展，因此周人面臨更為嚴峻的挑戰：如何確立對殷人曾經佔據的核心地區及其邊緣地區的統治，如何面對比自身先進的殷文化。殷周社會的連續性在此時表現更為明顯，周人更多地借鑒殷人已有的制度並加以改造，其中向殷人所學的最根本的就是古舊的氏族宗教制度。這主要體現在兩個方面：一方面，以天命觀念作為建國思想；另一方面，周人通過分封和禮制將氏族貴族的國家形態進一步完善、強化和系統化，由此形成政治、道德、宗教三位一體的社會。

〔註31〕李民、王健撰：《尚書譯注》上海：上海古籍出版社 2004 年，頁 204。
〔註32〕侯外廬、趙紀彬、杜國庠主編：《中國思想通史》（第一卷）北京：人民出版社 1957 年，頁 68。
〔註33〕參見李濟：《安陽》上海：世紀出版集團，上海人民出版社 2007 年，頁 194～199。
〔註34〕李民、王健撰：《尚書譯注》上海：上海古籍出版社 2004 年，頁 184。

第一，天命觀是周人的建國思想，是周人宗教的核心。

原始宗教把人與世界的關係放在一個神秘莫測的整體中來處理。人們通過聯想或想像確信自身不是孤獨地生活在世界上，而是生活在一個有生命的整體之中，是這個整體的一部分。人們通過這個神秘的有生命的整體實現人與人之間，人與世界萬物之間的交流和溝通。殷周宗教的基礎就是這樣一個整體觀念。周人的宗教在上帝的觀念及其祖先崇拜等方面是與殷商一脈相承的，因為殷周都是以氏族統治為基礎的，非常重視「把上帝的至尊地位與上帝和統治氏族的祖先的密切關係加以維持」。〔註35〕這是殷周宗教最大的相同點。張光直對商周文化演化的研究表明，商代的宗教觀念主要是：上帝之觀念；上帝與子姓祖先之不可分；祖之世界略等於神之世界。而西周早期的宗教觀念主要是：神之世界與祖之世界開始分立；神居於天；王統治人世，受天命，有德。〔註36〕

殷商的宗教是與氏族整體的社會相適應的。殷商的宗教有祖先崇拜也有自然崇拜，「帝」為宇宙萬物的主宰，在武丁時的卜辭中，以帝禮祭祀傳說中的先公。卜辭又有「下乙賓帝」、「咸賓帝」，賓即配，這說明有為的先祖也可以配天，能降福降災。（張光直認為「賓」就是與神相會的人類首領。參《美術、神話與祭祀》p37。）至廩辛、康丁時，先祖又稱帝臣。後隨著王權的擴張，人王也可稱帝，如帝乙、帝辛。〔註37〕先祖與帝沒有分開，而且商王很有可能就是群巫之長，本身帶有超自然的色彩。除祖先、上帝之外，還有自然神崇拜（山、嶽、風、水、雷、雨、星辰等）。商人有一個龐大的神祇系統，其中處於重要地位的祖先神的數量隨著時間的推移不斷增多，形成一個以祖先神為主的平面擴展的神祇系統。這些神祇、祖先與人都生活在同一個世界裏，日常生活中的人們可以通過卜問與之建立聯繫，「這種關係的性質可以說是一種『相互給予』（I give so that you give）式的：人與這些力量的往來主要建立在人的獻祭和神明的賜福這樣的交換基礎之上。從甲骨文獻看來，這關係並不涉及情感或道德的因素。」〔註38〕商人逐漸傾向於將這種「相互給予」

〔註35〕張光直：《中國青銅時代》北京：生活・讀書・新知三聯書店 1983 年，頁 306。

〔註36〕張光直：《中國青銅時代》北京：生活・讀書・新知三聯書店 1983 年，頁 312。

〔註37〕參見胡厚宣：《甲骨學商史論叢初集》石家莊：河北教育出版社 2002 年，頁 239。

〔註38〕蒲慕洲：《追尋一己之福——中國古代的信仰世界》上海：上海古籍出版社 2007 年，頁 34。

的簡單關係固定化和永久化，到殷末時，宗教祭祀嚴格地遵循日程表和其他一些細節進行，祭祀的儀式也在增加。這種宗教在嚴格的程序化的儀式束縛下顯得壓抑、繁冗。

西周的宗教是對商代宗教的重新估價和組織。周人仍然像殷人那樣相信天、帝、天命等觀念，相信人生活在神秘莫測的整體之中。但是周人將這個整體分爲神的世界與人王治理的人的世界，並通過天命靡常，惟德是依的天命觀來解釋周人克商的合理性，所以「周人維新思想是合而分之的……但同時又是分而合之的，先王克配上帝。」〔註39〕在分與合之間出現了一個動態的因素——「德」，天命不是恒常不變的，有德者就有天命有王權，這就改變了殷商宗教神人之間「相互給予」的簡單關係，開始重視人的努力和人的行爲。這種宗教有以下幾個特點：（1）人生活在一個神秘而有序的整體中，這個整體明確地分爲上下兩層，上層是神的世界（其中上帝神是一般神、祖先神是特別神），下層是人王治理的世界；（2）上帝是超氏族神，有目的有選擇地降災賜福，「惟上帝不常，作善降之百祥，作不善降之百殃」（《尚書·伊訓》）；（3）兩個世界之間通過天命靡常，惟德是依的原則溝通，有德者就有天命有王權；（4）人不是完全處在被動的地位，而是可以通過有德的行爲來改變命運。

周人將天命靡常，惟德是依的天命觀作爲建國的核心思想，「以此說說殷遺，將以使其忘其興復之思想，而爲周王之藎臣也；以此說說周人，將以使其深知受命保命之不易，勿荒逸從殷之覆轍也；以此說訓後世，將以使其知先人創業之艱難，後王守成之不易，應善其人事，不可徒依天恃天以爲生也。」〔註40〕由此看來，天命觀的出現是周人進行宗教變革的結果，更重要的是爲周克商提供政治上的合法解釋。傅斯年認爲天命靡常觀可以視作人道主義的黎明，但應該注意，這只不過僅僅是「黎明」而已，「祈天永命」、「惟德之用」之類更多的是實際政治的行爲，周人倚仗「有德」、「受命」的說法解釋政治至上權威的來源，這中間沒有多少關懷人、尊重人、保護個人權利的因素。郭沫若清楚地認識到這一點，他在《先秦天道觀之進展》中說：

〔註39〕侯外廬、趙紀彬、杜國庠主編：《中國思想通史》（第一卷）北京：人民出版社 1957 年，頁 87。
〔註40〕傅斯年：《中國現代學術經典·傅斯年卷·性命古訓辯證》石家莊：河北教育出版社 1996 年，頁 82。

　　　　這一套思想，以天的存在爲可疑，然而在客觀方面要利用它來
做統治的工具，而在主觀方面卻強調著人力，以天道爲愚民的政策、
以德政爲操持這政策的機柄，這的確是周人發明出來的新的思想。
〔註41〕。

天命思想將神的世界和祖的世界分離開來，沒有任何一個氏族能把上帝據爲
己有，只要有德，就配受天命而有王權。人世間的爭雄利用這種觀念，使得
敵對的每一方都可能以合理化和正統化的面貌打著受天之命的旗號出現，天
命由此變成樹立政治權威的工具。

　　第二，周人通過分封和禮制將氏族貴族的國家形態進一步完善、強化和
系統化，由此形成政治、道德、宗教三位一體的社會。

　　周人克商之後，面臨十分嚴峻的局勢，「內部是武王死後，成王幼小，周
公攝政，管蔡流言，召公亦不滿。外部是殷雖亡國，勢力未滅，武庚伺機，
商奄淮夷，蠢蠢欲動。而且周與殷比，是以小對大，以落後對先進，基礎是
不穩固的。」〔註42〕面對這種局勢，周公重伐殷人、成王征奄平定叛亂，維
持政權穩定，同時，周人開始了一系列的建國工作，因襲殷人的文化，採取
維新的措施，在舊形式裏灌注新內容，保存以血緣維繫的氏族組織，在此基
礎上進行大規模的營國封國。「殷周之際制度上的變革，突出地表現在把這種
本來只是根據血緣關係確立父權的宗法制度改造成爲國家機構和政治制度的
基本體制。」〔註43〕

　　周人克商經過幾代人的努力，從滅崇到滅殷踐奄，征服了許多氏族，在這
過程中，周人族長的個人權力和地位有了很大提高，社會職能也因而擴大了。
同時周人已經懂得大規模地使用奴隸勞動力，這都爲營國封國創造了條件。成
康之世，周人在中原進行了大規模的分封，「昔武王克殷，成王靖四方，康王
息民，並建母弟以番屏周。」（《左傳》昭公 26 年）。周王把他的親屬和大臣分
封到各地去建立自己的城邑，「受民受疆土」，奴隸的所有與土地的所有是分封
的主要內容。分封後的封國，其屬民由三部分組成：「一是擔任官司的人，一
是分配的殷民舊族，一是附著在封地上的原居民。」〔註44〕這種制度具有戍守

〔註41〕郭沫若：《中國古代社會研究（外二種）》石家莊：河北教育出版社 2004 年，
　　　　頁 260。
〔註42〕楊向奎：《宗周社會與禮樂文明》北京：人民出版社 1997 年，頁 388。
〔註43〕任繼愈主編：《中國哲學發展史（先秦卷）》北京：人民出版社 1983 年，頁 92。
〔註44〕許倬雲：《西周史》北京：生活・讀書・新知三聯書店 2001 年，頁 152。

和管理的功能，統治者能夠支配的人數更多，其來源也更複雜，這是商代以族眾為主構成的社會所不能比擬的。新封國移來的族群與當地居民融合，地緣性的政治單位也在成長之中。綜合來看，「分封制度是人口的再編組，每一個封君受封的不僅是土地，更重要的是分領了不同的人群。」〔註45〕周王和各國的封君一方面要維持氏族組織的制度，這是統治的合法性的基礎；另一方面，又需要在氏族組織之上建立一個有效的統治模式，以適應對複雜人群的統治。

在這種情形下，周人的政治生活主要有三件大事構成：「所謂『邦之大事，在祀與戎』，祀戎是古代城市國家的兩件重大事業；第三件，最主要的，便是邦的本身的綏靖。」〔註46〕分封之後，制度建設比武力征伐顯得更為重要。受封的封君除了受土受民之外，還由周王賜給一套確立或肯定其政治權威的禮儀，包括：他（封君）原來的氏族的姓；新的氏名以標誌他的新政治單位；適合於他的新政治地位與他的新的城邑的政治地位的儀式性的徽章與道具。〔註47〕這套禮儀對維持整個封國的運作起著重要作用，它在周天子與各封國之間確立了相應的等級關係，形成一種特別的政權形式——禮。「禮的出現和尊爵的固定化或階級專政的法制化是相適應的。」〔註48〕禮把統治階級之間權利和義務的關係確定下來，並通過一定的行為規範和尊爵彝器表現出來，包括分封、朝聘、祭禮、婚姻等各種禮節在內，滲透到日常生活的方方面面，由此形成氏族貴族共有的文化。這種文化在確保血緣氏族組織的前提下，遵奉的是政治、道德和宗教的權威，它把政治、道德、宗教編織成一個相互關聯的網絡，政治上的主與從，道德上的德與孝，宗教上的天與人，日常生活中的言語舉止等等都可以在禮的網絡中找到相應的位置。禮強調的是血緣群體的關係，在其中根本找不到個體精神的位置，「意識的生產只有在氏族貴族的範圍內發展，不會走到民間；春秋末期所謂學術下民間的歷史，已經是周道衰微的證件了。」〔註49〕如果說殷人的思想觀念難以走出繁縟的宗教壓抑束縛的沼澤，那麼同樣地周人的思想觀念也難以逃出禮的羅網。而「自然」

〔註45〕許倬雲：《西周史》北京：生活・讀書・新知三聯書店 2001 年，頁 155。

〔註46〕侯外廬：《中國古代社會史論》石家莊：河北教育出版社 2000 年，頁 161。

〔註47〕參見張光直：《中國青銅時代》北京：生活・讀書・新知三聯書店 1983 年，頁 113。

〔註48〕侯外廬、趙紀彬、杜國庠主編：《中國思想通史》（第一卷）北京：人民出版社 1957 年，頁 79。

〔註49〕侯外廬、趙紀彬、杜國庠主編：《中國思想通史》（第一卷）北京：人民出版社 1957 年，頁 23。

等新觀念的產生就是由周道衰微引起的。

4. 西周的衰落和滅亡

西周的衰落是指以周天子爲首的氏族貴族的政治權威逐漸削弱的過程，同時也是各地方封國的勢力漸趨膨脹的過程。而西周的滅亡則是指以「至於幽王，天不弔周，王昏不若，用愆厥位」(《左傳》昭公 26 年) 爲標誌發生的歷史事件，是西周社會積累的各方面矛盾的總爆發。

在克服了一系列危機之後才出現的成康之治並不長久，昭王十九年南征失敗，西周開始進入由盛轉衰的過程。穆王時期，西周有一系列重大的變化，其中最大的一個變化是：「周人遭受到了克商一百年以來第一次大規模的外族入侵。」這次淮夷的入侵深入西周的核心區，威脅周人的東部中心，引起了西周王室內部及其與諸侯的關係的混亂。〔註 50〕此後恭王、懿王、孝王、夷王四王時，王位繼承經常受到諸侯的干涉，天子的權威已經下降了，「下堂而見諸侯，天子之失禮，由夷王以下。」(《禮記・郊特牲》) 西周末期厲王、宣王、幽王三世，厲王專利而被逐，其後雖有宣王中興，但西周已經走到崩潰的邊緣。西周實行的是維新的政治，始終維持著氏族宗法制度。土地名義上屬於周天子所有，但事實上絕大部分已經分封給各級貴族，周天子手中的土地集中在渭河谷地一帶，十分有限。西周國家的危機主要有兩個方面，一方面由於政治組織短時期過度擴張，一時間難以消化既得的勝利果實，於是不得不將有限的人力物力疏散到各地，這就是所謂的分封，周天子與諸侯的關係主要靠血緣來維繫，但是被分封到各地去的諸侯逐漸與當地人融合，獨立性不斷加強。另一方面，周王領導的西周國家管理不善。中央政府的官員沒有定期的薪俸，而是依靠周王包括土地在內的各種賞賜，但王室的土地資源有限，賞賜越多，繼續賞賜的可能性就越小。這種自殺式的管理辦法不可避免地導致王室日趨貧困。〔註51〕

隨著周天子與各地諸侯以及他們的後裔之間的血緣關係漸趨淡化，氏族貴族的統治開始沒落，政治、道德、宗教三位一體的社會出現了系統的危機，社會各方面的力量平衡越來越難以維持。周人思想的核心——天命觀發生了

〔註50〕參見（美）李峰：《西周的滅亡》徐峰譯，上海：上海古籍出版社 2007 年，頁 112～115。

〔註51〕參見（美）李峰：《西周的滅亡》徐峰譯，上海：上海古籍出版社 2007 年，頁 107。

變化，上帝與祖先神的距離越來越遠，天命更加無常，敬天與孝祖的倫理似乎變成了主觀上的一廂情願，對上帝、對先王的懷疑更加普遍，「不殄禋祀，自郊祖宮。上下奠瘞，靡神不宗。后稷不克，上帝不臨。」「昊天上帝，則不我遺。胡不相畏，先祖於摧。」（《詩·大雅·雲漢》）在這種懷疑之下，人與人之間，人與世界之間賴以交流和溝通的那個最深刻、最直接的觀念和宗教的基礎——天命觀被動搖了。政治和道德的權威沒落了，「上帝板板，下民卒癉。出話不然，為猶不遠。靡聖管管，不實於亶。猶之未遠，是用大諫。」（《詩·大雅·板》）將政治、道德、宗教編織成一個網絡的禮制被抽去了實質，只有表面看似莊嚴的儀式。

　　幽王十一年（公元前 771 年）「春正月，日暈。申人、曾人及犬戎入宗周，弒王及鄭桓公。犬戎殺王子伯服，執褒姒以歸。申侯、魯侯、許男、鄭子立宜臼於申，虢公翰立王子余臣於攜。」（《今本竹書紀年》）西周在內憂外患之中滅亡了，次年，由於軍事上的失敗和犬戎的入侵，平王（宜臼）東遷洛邑，東周的序幕拉開。

　　　　從這時到公元前 221 年秦統一六國，經歷了五個半世紀。這是一個列國爭雄，社會劇變，文化繁榮的時期。這一時期又分為兩段：前為春秋時期（公元前 770～前 476 年），後為戰國時期（公元前 476～前 221 年）。〔註52〕

第二節　春秋戰國的社會與思想概況

1. 春秋戰國時期的新變化

　　西周的滅亡帶來了一系列重要的變化。首先，周王室東遷之後日益衰微，一個受天之命的權力樞紐解散了。公元前 770 年周平王在秦襄公、晉文侯、鄭武公、衛武公的護送下東遷雒邑，其自身武力已經不強，後來也主要依靠晉、鄭、北虢等國的支持才能勉強行使周天子的部分權力。「君君、臣臣、父父、子子」的森嚴等級以及諸侯定期朝聘等制度漸漸地只具有形式上的重要性了。其次，平王東遷，眾多氏族貴族也隨之有所遷徙，這種轉變必然帶來政治關係的變化，「平王東遷，不僅是王室行政中心的東移，也當意味著相當

〔註52〕白壽彝主編：《中國通史·第三卷·上古時代（上）》上海：上海人民出版社
　　　　1994 年，頁 574。

數量人口的東移。由另一角度來說，西周的畿內原有許多由東方遷去的人口，其中若干翩然遷返舊居，如鄭人。另一方面，也有些漸在西土安居了，如秦人。」〔註53〕第三，最重要的是，平王東遷促進了民族融合與文化融合的進程。西周時期，分封的各諸侯國之間有著密切的聯繫，而且氏族貴族階層以禮制爲核心形成了共有的文化，這種文化把來自不同族群的人聯繫起來，在周人的世界逐漸產生了強烈的文化和種族同一體的意識，華夏族開始形成。西周滅亡後，戎狄蠻夷等族進入中原，與華夏族長期雜處，互通婚姻，逐漸認同了華夏族的文化和生活方式。在歷史發展過程中，不同的人群被同一種文化吸納融合，這是西周滅亡後發生的最爲重要的歷史事件。

總之，西周的滅亡是一個強大的權力中心的解散，隨著政治、道德、宗教三位一體的社會的瓦解，失序的社會的各個方面都處在轉變之中。春秋戰國正是這樣一個急劇變化的時代。

平王東遷，從本質上看，是「犧牲地域而維持宗族，『遷國』本身就是周的社稷基礎不穩固的末運。」〔註54〕西周「維新」所保存和推行的氏族制度發揮著制約的作用。周代的生產方式是「氏族貴族的土地國有生產資料和氏族奴隸的集團勞動力兩者的結合。」〔註55〕到了春秋時期，領土所有權逐漸分化下移，而鐵製農具和牛耕的出現也使得以個體家庭爲單位進行農業生產成爲可能，所有這些變化都衝擊著原有的生產方式。但舊的生產方式的瓦解是緩慢的，從起支配作用的因素來看，氏族古制仍然保存著，血親製度仍然頑固，社會變革難於明朗化，所以春秋時期「死的抓住活的」，是個充滿矛盾的時代，其主要矛盾就是：「一方面要維持氏族制，所謂『霸者存小國』，他方面卻要實行惠人政治（所謂『天道遠，人道邇』）來適應自由民（國人）的要求。」〔註56〕這種矛盾反映著生產資料和勞動力的多元化，它是春秋時期爭霸戰爭和社會轉變的深層原因。春秋戰國之交，農業生產上「千耦其耘」的集體耕作逐漸讓位給農戶的分散經營，按畝征稅的制度逐步推行，血緣氏族單位向著國民地域單位轉變。政權不斷下移，由諸侯而大夫，由大夫而陪臣，家族與國家相結合的社會結構漸趨解體。因此，「戰國時代，顯族出現，國民富族的土地所有

〔註53〕許倬雲：《求古編》北京：新星出版社 2006 年，頁 80。
〔註54〕侯外廬、趙紀彬、社國庠主編：《中國思想通史》（第一卷）北京：人民出版社 1957 年，頁 100。
〔註55〕侯外廬：《中國古代社會史論》石家莊：河北教育出版社 2000 年，頁 191。
〔註56〕侯外廬：《中國古代社會史論》石家莊：河北教育出版社 2000 年，頁 366。

制，正代替了以血族紐帶爲基礎的土地國有制，貴賤的階級不是從前的氏族所能區別的了，只可以拿財產的多寡才可以區別出來。」〔註57〕這就是春秋戰國之際生產方式變化的主要趨勢。

春秋戰國時期的社會變遷是由西周氏族宗法制度的動搖而引起的，與此相關聯的政治、經濟、思想觀念也在不同的層次上不斷重組，逐漸形成各種複雜的關係，並產生新的意義。西周時期的諸侯國是以等級森嚴的宗法制度爲框架建立起來的，「天子建國，諸侯立家，卿置側室，大夫有貳宗，士有隸子弟，庶人工商各有分親，皆有等衰，是以民服事其上，而下無覬覦。」(《左傳》桓公 2 年) 宗法制度又以「立適（嫡）以長不以賢」(《公羊傳》隱公元年) 的原則傳承，嫡長子直接繼承上一代的貴族身份，其他庶子被封爲下一級的貴族。隨著氏族的繁衍，在嫡長子系統和庶子系統之間形成大宗與小宗的關係，這不僅是血緣範圍內人們的相互關係，而且還帶有相互的權利和義務的性質，大宗作爲血緣團體的領袖可以依據血緣的理由對親屬進行管理和支配。

春秋時期仍然延續這套制度，「春秋時期的社會是『家族關係』的結構，亦即一種建立於家族之上而不是建立於個體之上的結構。」〔註58〕在家族結構的社會中，貴族可分天子、諸侯、卿大夫、士四個等級，其中卿大夫是上層社會地位重要和人數較多的階級，經常擔任諸侯國的執政和軍事統帥，如晉國的六卿，齊國的高氏和國氏等。他們的政治地位依賴「世官」制度得以維持，而「世官」制度又依附於卿大夫的氏族而存在，形成所謂的世官世族制度。然而，以血緣爲紐帶維持的社會結構不可能靜止不動。春秋前期，宗法系統擴大，卿、大夫的宗族、家族均逐漸發展，列國大世族多在春秋前期和中期形成，而且各大世族內部也按宗法進行層層分封，這是政權下移帶來的結果。春秋末期，宗法、封建開始解體，新型的國家開始形成。〔註59〕隨著家族關係的逐漸鬆動，社會各階層之間的流動變得頻繁起來，貴族的地位發生著急劇的變遷，從前被家族群體束縛著的個人開始活躍起來。許倬雲通過對春秋時期公子、卿大夫、士三個階層的研究發現：隨著時間的流逝，公

〔註57〕侯外廬：《中國古代社會史論》石家莊：河北教育出版社 2000 年，頁 366。
〔註58〕許倬雲：《中國古代社會史論——春秋戰國時期的社會流動》桂林：廣西師範大學出版社 2006 年，頁 1～2。
〔註59〕參見童書業：《春秋左傳研究（校訂本）》北京：中華書局 2008 年，頁 310～311。

子在政治生活中變得越來越不活躍，政治活動的中心轉向卿大夫階層，他們主要來自數量很少的幾個大家族，但春秋還未結束，卿大夫的權力就明顯下降，十群體的活躍性不斷上昇，權力的中心開始向士階層轉移。這說明氏族的死殼制約著社會的發展，但國家與家族的距離在不斷拉大，「死的抓住活的」的矛盾在這時表現得極爲明顯。

在統治階層之下，還有庶人、工、商構成的平民階層，其中庶人是春秋社會主要的農業生產者，所謂：「其庶人力於農嗇」（《左傳》襄公九年）「庶人終於千畝」。（《國語·周語上》）春秋時期，地廣人稀，未開墾的土地很多：「例如鄭國在西、東周之交東遷到現在鄭州的附近，還是『斬之蓬蒿而共處之』的，鄭地正當中原的中心，在東周之初，還是這樣的荒涼。」〔註 60〕而開墾荒地的重要工作主要就是由庶人承擔的，隨著生產力的發展，集體耕作逐漸轉變爲農戶的分散經營，公田衰落，私田數量不斷增加，井田制瓦解。各諸侯國進行賦稅改革，逐漸承認了私田的合法性。春秋時代，庶人的地位有所改變，他們中的有些人可以上昇爲士，「其秀民之能爲士者，必足賴也。有司見而不以告，其罪五。」（《國語·齊語》）這說明庶人階層也在發生分化，一部分加入統治者的行列，多數人開始向個體農戶轉化。

春秋時期戰爭頻仍，「在國與國間是族戰，在一個公族國家之內又是大小公族的內戰，失敗的公族有的是全族『盡滅』有的是『降爲奴隸』，有的是盡族跑到外國。」〔註 61〕這樣的自相殘殺使貴族人數大爲減少，維持舊有統治秩序的力量也隨之日漸薄弱，這種趨勢在春秋中葉以後變得明顯起來。《左傳》中所見的強宗大族「由公元前 572 至 543 年的 23 個，逐步跌到公元前 542 至 513 年的 14 個，公元前 512 至 483 年的 13 個，以至公元前 482 至 464 年的 7 個。」〔註 62〕與國家緊密結合而能夠左右一國政權的強宗大族逐步退出了歷史舞臺，這爲士階層的興起提供了條件。戰國時期，「公元前 464 年後，大多數歷史人物都是出身寒微，白手起家的。」〔註 63〕各國宰相要麼由與國君最親近的子弟姻親擔任，要麼就由出身寒微不屬於任何世族的士來擔任。

社會各階層的流動非常頻繁，這不是一個孤立的事件，而是整個社會結

〔註 60〕 童書業：《春秋史》上海：上海古籍出版社 2003 年，頁 92。

〔註 61〕 侯外盧：《中國古代社會史論》石家莊：河北教育出版社 2000 年，頁 96。

〔註 62〕 許倬雲：《求古編》北京：新星出版社 2006 年，頁 283。

〔註 63〕 許倬雲：《中國古代社會史論──春秋戰國時期的社會流動》桂林：廣西師範大學出版社 2006 年，頁 45。

構的轉變，與政治、經濟、思想觀念等方面的重大變化相呼應。

　　戰國時期，在經濟方面發生了對中國歷史影響最爲深遠的事件，由於鑄鐵冶煉技術和鑄鐵柔化技術的發明，鐵製農具得以廣泛地運用於農業生產。牛耕普遍推廣，耕作技術也大爲進步，而且灌漑、施肥等技術也有了顯著提高。同時井田制瓦解，各國先後推行按戶籍身份的授田制，自耕小農普遍存在，小農經濟成爲當時各君主政權立國的基礎，小農每年上繳的租稅成爲各國財政的主要來源。由於生產方式改變，農民「能夠比較自由地安排自己的生產和生活，能夠擁有積蓄的財物，有生產的積極性，從而造成社會經濟的繁榮，使得這種小農經濟的生產方式，具有強大的生命力而長期留存。」〔註64〕各國以富國強兵爲目標的變法，就是要爲小農經濟的發展創造有利條件，以期在兼併戰爭中取得主動權。由於經濟的發展，社會各階層流動性的增加，「社會上已出現了雇傭勞動者，既有雇農，又有雇工，有所謂庸客、庸夫、市傭、庸保，因而各國任用官吏和挑選常備兵，也採用雇傭辦法，普遍採用了俸祿制度。」〔註65〕以此爲基礎，各國開始建立比較完善的有利於集權統治的官僚制度，文官、武官分開，大臣權力分散，考覈選拔官吏的辦法也逐步制度化。與此相聯繫，地方行政組織也發生了變化，郡縣制開始推行，國君掌握著郡、縣的行政權和軍事權。這是對氏族制的突破，說明生產方式（勞動力與生產資料的結合）已經發生了變化：

> 從戰國初期到秦統一，廢封建置郡縣，是城市和農村的顯族發
> 展形態；開阡陌，盡地利，是以農村爲出發點的萌芽；廢除分封諸
> 子的制度，實現土地的私有和買賣，是中古小單位生產的課題；農
> 具小私有和盡地力並且使人力束縛在土地上面，是隸農以至農奴轉
> 變的歷史。〔註66〕

戰國社會處於傳統與革新之間，充滿了活力，所有這些社會轉變的因素加上大規模的兼併戰爭，使得國家所佔有的領土越來越大，統治的人口越來越多，血緣政治開始讓位於官僚政治，維繫氏族貴族政治權威的禮樂制度也崩潰瓦解了。新型的國家逐漸形成，國君掌握政權，能夠任免大臣，有一套官僚體制考覈官員並選拔有才能的士人來做官。而且由於國家事務的日益複雜，要

〔註64〕楊寬：《戰國史》上海：上海人民出版社1980年，頁178。
〔註65〕楊寬：《戰國史》上海：上海人民出版社1980年，頁214。
〔註66〕侯外廬：《中國古代社會史論》石家莊：河北教育出版社2000年，頁96。

求官員具備比較專門的管理知識和經驗，這些都需要長期的學習和實踐，這刺激了思想文化的傳播。

2. 思想與社會的聯繫

本文探討「自然」觀念何以成為先秦道家思想的核心觀念，說明這個觀念的來龍去脈。我們嘗試沿著一條比較迂迴的路線前進，這條路線考察思想與社會的複雜關係，並在此基礎上發掘「自然」觀念的思想史意義。上文以亞細亞生產方式在文明社會各階段的變化為基本線索，著重討論殷商、西周、春秋、戰國時期的社會構成及其變遷，因為「生產條件的所有者和直接生產者的關係（這裡的關係就是指的生產方式）把全社會的構成顯示出來。」〔註67〕這幾個歷史階段的社會變遷，是和氏族貴族統治的形成、發展和衰落的過程相一致的，這個過程就是中國古代文明起源的具體路徑，它突出地表現了亞細亞生產方式的特點。中國古代思想正是在此過程中產生和發展起來的，我們不能脫離這個歷史基礎來談論思想觀念的產生和變化。我們對「自然」觀念的探討首先以生產方式為基本線索，說明思想觀念產生和變化的歷史基礎。因此，我們沒有「開門見山」地直接論述「自然」觀念的內涵或者意義，而是嘗試從整體上闡述它產生和變化的過程。從歷史唯物論的角度來看，整體性、過程性和動態性是必不可少的，這也是社會史與思想史研究相結合的內在要求。

思想觀念的考察是以意義為依據，而不是以形態為依據，對某個觀念進行字形、字義的考辨並以此為標準去搜尋其在史料中的出處和頻率是不能從根本上說明其變化的所以然的。因為思想觀念的產生標誌著人們對所處的整個世界有一定的理解，這種理解的過程就是意義形成和變化的過程，它是漸變而不是頓變，變化的過程有諸多中間環節，積累許多個「大同小異」變成一個「大不一樣」。意義的諸般變化又逃不出它所在的思想系統，一個思想系統不可能孤立地完美地存在，而是鑲嵌在社會整體之中並隨之發生變化的。以「自然」觀念為例，「自然」這個詞在《老子》中只出現了 5 次，如果僅從這個詞出現的各章來看，是很難確定「自然」觀念在老子思想中的地位的。所以，只有從整體上才能說明「自然」觀念豐富的意義。

思想與社會的聯繫發生在整體之中，這個整體是人類實踐活動的整體，

〔註67〕侯外廬：《中國古代社會史論》石家莊：河北教育出版社 2000 年，頁 22。

人們「自由自覺的生命活動」在這個整體中不斷地嘗試、冒險，不斷地開拓、創造，形成人類發展的歷史長河。〔註 68〕因此，人類實踐活動的整體是一個有生命的、有機的、動態的整體，是一個處在生成過程之中的整體。它不是還原論意義上的整體，各部分相加正好等於整體之和。它不能通過把宏觀現象歸結為微觀現象的總和這種思路而得到認識。人類實踐活動的整體是生成論意義上的整體，在這個意義上，整體大於部分之和，整體相對於部分是第一性的，部分不能離開整體而存在，「生成論是先有整體，後有部分。不是部分通過相互作用構成整體，而是整體通過信息反饋、複製與轉換生長出部分。……由此生成的整體必然具有自組織性、突現性、多層次性、不可分性和不可還原性。與此相應，研究作為生成整體的基本方法，不是將系統分解還原為基本層次，不是還原為部分，而是探索貫穿整體自身的普遍規律和自組織與突現的規律。」〔註 69〕我們所討論的思想觀念是一個生成論意義上的整體的有機組成部分，這個整體就是我們進行實踐活動的世界，是我們所生活的現實世界。思想觀念以社會存在為基礎，表達著人們對現實世界的深入關切，它不是純粹的、獨立存在的概念系統，它是隨著人們的實踐活動被編織到現實世界之中的，只有在現實世界中才能獲得意義。我們可以把這種系統化的思想觀念叫做世界觀。人們通過世界觀深化對自身、社會環境及其歷史傳統的理解，而這些充滿豐富含義的思想觀念又反過來影響著人們的實踐活動。

3. 春秋戰國時期思想觀念的變化

系統化的思想觀念是人們在生產、生活的實踐過程中逐漸形成的，它試圖對現實世界做全面的理解、總體的解釋。它代表著人們對現實世界整體的關注和反思。人們的所有活動都是在特定的社會歷史條件下進行的，系統化的思想觀念為人們提供了一個普遍的思想框架，人們借助於這個框架，對實踐活動中大量的事實進行分類、整理和組織，經過思想觀念組織的事實不再

〔註 68〕 參見鄧曉芒：《中國百年西方哲學研究中的八大錯位》載《福建論壇‧人文社會科學版》2001 年第 5 期，該文第七部分對「實踐」所做的討論認為，實踐這個概念在德文中除了具有實行、實踐的含義之外，還有試探、冒險探索和開拓性的含義。

〔註 69〕 金吾倫、蔡侖：《對整體論的新認識》載《中國人民大學學報》2007 年第 1 期。

是孤立的事實，而是具有了一定解釋力的事件。通過這些活動，思想觀念獲得了豐富的意義，人類和現實世界的關係由此而得到有條理的和富有深意的表達。正是在這種意義上，我們可以說，人們進行著物質生產的同時，也進行著精神意識的生產，而且二者是相互交織在一起發生作用的。

殷商和西周的思想觀念主要是宗教性的。如上節所論，殷周宗教觀念的共同特點是，人類、自然事物、上帝和各種神祇都生活在一個神秘的統一體中，這個統一體是有生命有秩序的，而且各部分能夠互相發生聯繫。其不同在於，周人提出了天命觀，給人的主觀努力一個位置，這就是《禮記·表記》所說的：「殷人尊神，率民以事神，先鬼而後禮，先罰而後賞，尊而不親；其民之敝蕩而不靜，勝而無恥。周人尊禮而尚施，事鬼敬神而遠之，近人而忠焉，其賞罰用爵列，親而不尊；其民之敝利而巧，文而不慚，賊而蔽。」但從根本上看，殷周的宗教觀念都是為了適應當時的國家形式產生和發展出來的，是為維護氏族貴族統治而設的。殷商和西周時期，在這樣的觀念之中，傳統的思想與道德是高高在上的，具有壓倒性力量的，這是氏族貴族共同的文化，其中沒有國民的意識的位置。

與殷商和西周時期比較，春秋戰國時期思想觀念的變化主要表現在以下幾個方面：

第一，早在夷王、厲王之後，王道衰微，隨著政治權威的沒落，西周立國思想的核心天命觀也發生了動搖，《詩經》中變風、變雅的詩篇記錄著西周政治、道德、宗教這個三位一體的社會的全面的危機。侯外廬通過對變風、變雅的詩篇的分析，詳細論述了東遷前後社會的變化：氏族貴族漸趨沒落，勞動力出現了危機，「千耦其耘」的集體耕作方式束縛生產，已到了「民不堪命」的地步，社會階級關係就要發生巨大的變化，王室的對外戰爭也給人民帶來深重的痛苦。在這種情況下，周人「天人合一」的思想一變而為責難上帝神，懷疑祖先神的悲劇詩篇。在這時代的變遷之中，已經孕育著先秦諸子的思想了，所以說「詩亡然後諸子出」。〔註70〕春秋戰國時期，是所謂「禮崩樂壞」的時代，殷周宗教觀念中那個囊括萬有的統一體發生了秩序的紊亂：

> 東周時代的神話不但很清楚地要強調神界對人世上權威的支配
>
> 力量的微弱，而且常常把上帝描述成一個與人為敵的影像。在政治

〔註70〕 參見侯外廬、趙紀彬、杜國庠主編：《中國思想通史》（第一卷）北京：人民
出版社 1957 年，頁 109～122。

思想上，爭雄的各國君主對宗周的權威以及自己彼此之間的挑戰；

在神話的憲章上，被挑戰的對象是上帝、天、以及神與自然的世界。

〔註71〕

這個時期，原有的社會基礎正在崩潰，新的秩序還未建立起來，各種矛盾紛然雜陳。此時主要的歷史問題是：應否清算或如何清算西周遺制。這也是春秋戰國時期政治、經濟、思想所面臨的最大的挑戰。

第二，春秋戰國之際，由於王道衰微，社會各階層流動頻繁，原先被氏族貴族壟斷的文化開始逐漸下移民間，封閉的貴族文化圈被打開了缺口。西周的貴族教育主要在學校中進行，已經比較完備，《孟子·滕文公上》說：「夏曰校，殷曰序，周曰庠，學則三代共之。」〔註72〕西周時貴族子弟幼年入小學，成童入大學即所謂的辟雍、泮宮。大學不僅是貴族子弟學習的地方，也是貴族成員進行社交活動的公共場所。貴族社會的生活方式和必要的知識、技能被概括為「六藝」：禮、樂、射、御、書、數，這是大學教學的主要內容，而其中又以禮樂和射最為重要，因為這和「國之大事，在祀與戎」是直接相關的。〔註73〕但是春秋以後，貴族教育逐漸衰頹，文化典籍散落民間，學術開始下移，「春秋時舊日王官之學逐漸失墜，有關學校之史料幾於無有。蓋私人講學之風於此時漸興。」〔註74〕當時很多貴族士大夫不願意學習僵化的禮樂儀式，背誦古訓教條，出現了「不能相禮」和「不說學」的現象。例如，「公如楚，鄭伯勞於師之梁，孟僖子為介，不能相儀。」（《左傳》昭公7年）「葬曹平公，往者見周原伯魯焉。與之語，不說學。」（《左傳》昭公18年）正是在這種情況下，孔子開始整理文獻，招收門徒，私人講學之風逐漸興起。到戰國時，社會環境大變：「歷代的文獻只足為資，不復能為師，社會的文化既可以為用，復可以為戒。紛紜擾亂，而生摩擦之力；方面繁複，而促深澈之觀。方土之初交通，民族之初混合，人民經濟之初向另一面拓張，國家社會根本組織之初變動，皆形成一種新的壓力，這壓力便是逼出戰國諸子來的。」〔註75〕由此可見，春秋戰國時代政治、經濟、文化等方面各種力量處在互相

〔註71〕張光直：《中國青銅時代》北京：生活·讀書·新知三聯書店1983年，頁309。

〔註72〕楊伯峻：《孟子譯注》北京：中華書局1960年。

〔註73〕參見楊寬：《古史新探》北京：中華書局1965年，頁207。

〔註74〕童書業：《春秋左傳研究（校訂本）》北京：中華書局2008年，頁309。

〔註75〕傅斯年：《中國現代學術經典·傅斯年卷·戰國子家敘論》石家莊：河北教育出版社1996年，頁300。

爭競之中，傳統和創新之間存在巨大的張力，面對這樣的現實，人們的思想觀念必然發生重大的變化，這是思想觀念變化的外在原因。

第三，春秋之時開始的學術下移在戰國時期得到創造性的繼承和發揚，出現了以自由著述、自由講學、自由批評、自由流動爲特徵的百家爭鳴運動。[註76] 充滿變化的活潑的現實世界促使人們進行不斷的觀察、探索，人們逐漸意識到整體的存在、自身和自身的限度，開始通過反思試圖對世界做 總體的把握。這時諸子爭鳴，百家立異，對現實世界進行了深入的思索，形成了批判現實的優良傳統：

> 戰國諸子雖然不知道新到的社會是什麼，然而都有自己的圖案，所以他們中間有一個共同的傾向，這即是理想主義。他們的思想都超出武斷，都有所謂名學，有原之者，有本之者，有用之者……對於天、地、人三方面，他們都有自己的認識。儒家有「天命」，墨家有「天志」，老莊有「自然」，都指天道的假定。儒家有周道，墨家有尚同，老莊有小國寡民，法家有「今世」。儒家稱親仁，墨家稱兼愛，老莊稱眞人，法家稱利民。各家各有理想中的天地人，來迎接客觀歷史將出現的新世界，這種思想系統，便是他們的「世界觀」。[註77]

儒、墨、道、法等各家都有各自的系統化了的思想觀念，有各自的思想，這就衝破了三代以來宗教世界觀一統天下的局面，同時也說明戰國諸子具有自由的精神和創造的激情。對自身以及自身所處的現實世界的反思和認識，是思想觀念變化的內在動力。

第四，史官注重天道的傳統推動思想觀念向深層變化。早期中國歷史上，史官在文化的傳承中起著非常重要的作用，因爲他們是與文字記錄有密切關係的一群人，在政府中的地位也很顯要，「史之職專以藏書、讀書、作書爲事」，「史爲掌書之官，自古爲要職。殷商以前，其官之尊卑雖不可知，然大小官名及職事之名多由史出，則史之位尊地要可知矣。」[註78] 祝、宗、卜、史屬於同一系統，與氏族宗教有著密切的關係，在周代太史是「天官」之一：「天

〔註76〕參見趙世超，衛崇文：《戰國時期的百家爭鳴運動》載《陝西師範大學學報》2006 年第 7 期。

〔註77〕侯外廬：《中國古代社會史論》石家莊：河北教育出版社 2000 年，頁 243～244。

〔註78〕王國維：《觀堂集林（外二種）》石家莊：河北教育出版社 2003 年，頁 132。

子建天官，先六大，曰大宰、大宗、大史、大祝、大士、大卜，典司六典。」（《禮記・曲禮》）其職責與祝、宗等相近，即：「能知四時之生，犧牲之物，玉帛之類，采服之儀，彝器之量，次主之度，屏攝之位，壇場之所，上下之神，氏姓之出，而心率舊典者爲之宗。」（《國語・楚語下》）這就要求史官能通所謂天神地祇人鬼之禮，總之是要對天地人有系統的看法，對過去、現在和未來之事進行富有意義的解釋，史官的任務就是尋求對現實世界的整體把握。因此在不周延的意義上，我們可以說史官群體是最早思考形而上問題的，他們最早擺脫瑣碎的具體事物，追隨逝去的祖先的智慧，展開超越的玄思。春秋末期，東周王朝的史官群體遭到一次嚴重的衝擊，「王子朝及召氏之族、毛伯得、尹氏固、南宮嚚奉周之典籍以奔楚。陰忌奔莒以叛。」（《左傳》昭公 26 年）由史官記錄，藏於盟府的文獻典籍隨著史官團體的漂泊沉浮而落入民間，這對文化的普及和傳播起到了很大的促進作用。

　　以上討論的四個方面有助於我們理解在有生命的、有機的、動態的人類實踐活動整體之中，思想觀念是如何生成的，與現實世界又有怎樣的聯繫。一般地說，系統化的思想觀念在現實世界中發生作用主要體現在三個方面：首先必須對人們日常生活中遭遇到的現實進行充分的解釋，並涵蓋盡可能多的事實，反映事物的存在方式以及日常生活的全貌，解答現實生活中的難題。其次，系統化的思想觀念對現實世界所作的解釋必須具有一致性，形成思維的連貫性和有效性。最後，系統化的思想觀念必須滿足高層次的精神生活的需求，讓人覺得安全和幸福，進行深層次的反思和追問，直接面對自然、社會、人生等基本問題。從思想觀念的演變過程來看，商代的宗教觀念「雖然它已經附上了一定程度的社會屬性，主要還是反映了自然界的不可制服的神秘威力，自然屬性比重達，社會屬性比重小。」〔註 79〕而周代宗教觀念發生了變化，「周人把天神想像和說成無限關懷人世的有理性的最高主宰，和祖宗神一樣，是與自己同類的善意的神。」〔註 80〕商周時期的思想觀念是宗教性的，「這套思想在天神觀念的支配下處理天人關係，包括自然與社會的關係，天神與人事的關係。如果不掙脫天神觀念的支配，儘管人們在觀察自然和總結社會方面積累了大量的知識，卻把這些知識都納入天人感應的思想體系之中，爲天命神學作論證。春秋時期思想上的進展，就是剔除了天的人格神的

〔註 79〕任繼愈主編：《中國哲學發展史（先秦卷）》北京：人民出版社 1983 年，頁 93。
〔註 80〕任繼愈主編：《中國哲學發展史（先秦卷）》北京：人民出版社 1983 年，頁 94。

含義。這就使人們在一定程度上獲得了思想解放，能夠把他們積累的知識概括爲關於自然和社會的哲學觀點。」〔註81〕這些思想觀念在歷史發展過程中的轉變，爲「自然」觀念的產生奠定了基礎。

總之，系統化的思想觀念關注社會與人生，關注存在和生命的意義，它在身體活動層面、心理活動層面、政治社會層面、歷史文化層面、知性探求層面、美感經驗層面、人倫道德層面、實存主體層面、生死解脫或終極關懷層面、終極存在或終極眞實層面提出問題並尋求解答。〔註82〕當然，不同的思想觀念包含的問題是各有側重的，它受制於思想家的氣質及其所處的環境。在思想觀念的系統之中，有一系列核心的、起著樞紐作用的重要觀念，這些觀念直接與社會歷史關注的基本問題緊密相連。如上所述，對思想觀念產生和變化的考察不是以形態的變化爲標準，而是以意義的變化爲旨歸。思想觀念的意義就是在提出和解答一系列基本問題的過程中形成的。春秋戰國時期，人們面臨的主要歷史問題是，應否清算或如何清算西周遺制，也就是在政治權威、道德權威、宗教權威沒落之後人們怎麼面對現實世界的問題。當時的世界是最富變化的世界，新的經濟因素、新的統治模式、新的社會階層、新的思想觀念都在成長，都在與舊的勢力爭衡。這些問題凝結在思想觀念之中，就形成「道在哪裏」的問題，如何在天、地、人之中實現深層統一的問題，總之是不斷地反思、不斷地批判、不斷地超越從而體悟「玄之又玄」的「天道」與「人道」關係的問題。先秦的思想家們對這些問題進行了具有創造性和多樣性的解答。「自然」觀念就是老子、莊子在探索「道」的深層意義的過程中產生的。

小　結

本章分兩節論述了西周和春秋戰國時期社會與思想的變遷大勢，力圖說明社會與思想的內在聯繫，爲進一步探討「自然」觀念的產生和變化提供歷史基礎。

第一節論述西周興起和衰亡的歷史，認爲西周與殷商有著密切的聯繫，這種連續性的顯著特點就是，商周都是由以血緣關係爲紐帶的氏族貴族所統治的，如何協調血緣與政治之間的關係是商周社會面臨的巨大挑戰。周人在

〔註81〕任繼愈主編：《中國哲學發展史（先秦卷）》北京：人民出版社1983年，頁123。
〔註82〕傅偉勳：《死亡的尊嚴與生命的尊嚴》北京：北京大學出版社2006年，頁17。

戰勝殷商的同時也學習了殷商古舊的氏族宗教制度。但是，商周的宗教有同也有異，共同點在於二者都強調神、天、地、人處於一個神秘的整體之中，通過一定的方式可以實現人與天地神靈之間的溝通和交流。不同點在於殷商的宗教是崇拜祖先神為主的宗教，而西周的宗教是對商代宗教的重新估價和組織，突出了天命靡常，惟德是依的天命觀。天命觀與分封和禮制相配合，形成政治、道德、宗教三位一體的社會，血親製度滲入社會生活的各個領域使西周由氏族貴族統治的國家形態進一步完善、強化和系統化。但是隨著氏族貴族之間政治鬥爭的日趨激烈，政治、道德、宗教三位一體的社會出現了系統的危機。西周就是在這樣的危機之中滅亡的。

　　第二節論述春秋戰國時期社會與思想的概況。指出該時期的社會變遷是由西周氏族宗法制度的動搖引起的，與此相關聯的政治、經濟、思想觀念也在不同的層次上不斷重組，逐漸形成各種複雜的關係，並產生新的意義。春秋戰國之際社會各階層的頻繁流動不是孤立的事件，而是與政治、經濟、思想觀念等方面的重大變化相呼應的。思想和社會的聯繫是在人類實踐活動的整體中實現的，這個整體是生成論意義上的整體。思想觀念以社會存在為基礎，不是獨立存在的概念系統，而是隨著人們的實踐活動被編織到現實世界之中的。人們通過系統化的思想觀念深化對自身、社會環境及其歷史傳統的理解。春秋戰國時期思想觀念的變化提出了一系列基本的問題，「自然」觀念的產生和變化就是其中之一。

第二章　先秦道家「自然」觀念的產生

　　我們在第一章論述了西周和春秋戰國時期社會和思想的變遷大勢，認為春秋戰國之際是中國歷史上政治、經濟變革最劇烈，社會階層流動性最大，人們思想最活躍、最富於創造性的時期。這個時期主要的歷史問題就是應否清算或如何清算西周遺制，也就是在政治權威、道德權威、宗教權威沒落之後人們怎麼面對現實世界的問題。在思想觀念方面，這個基本問題就是，隨著氏族貴族宗教世界觀的瓦解，怎樣通過反思和批判重建建立新的思想觀念，這正是我們考察的重點。思想觀念的變化和各種觀念之間的論爭是極為複雜的歷史過程：

> 　　歷史這樣東西是人類生活的行程，是人類生活的連續，是人類生活的變遷，是人類生活的傳演，是有生命的東西，是活的東西，是進步的東西，是發展的東西，是周流變動的東西；他不是些陳編，不是些故紙，不是僵石，不是枯骨，不是死的東西，不是印成呆板的東西。〔註1〕

侯外廬同樣認為思想史的研究在於說明思想生成和發展的所以然，而不在於敘述貨色，陳列古董。他按照「每到了歷史發展的劃期關頭，就有學人出來作綜合各派思想而考竟源流的研究」這個原則，參照中國古代社會分期，把中國古代思想劃分為西周、春秋、戰國三個階段：「我們認為，由殷、周之際古代思想的起源，經過西周『學在官府』之學，以至東遷前後的思想，是中國古代思想的第一階段；由東遷以後的思想以至縉紳先生的儒學，是中國古

〔註1〕李守常：《史學要論》北京：商務印書館 1999 年，頁 74。

代思想的第二階段；由孔、墨顯學對儒學的批判，經過百家並鳴之學，以至周、秦之際的思想，是中國古代思想的第三階段。」〔註2〕這一分期是在對中國古代社會的特點進行深入探索的基礎上提出的，它提示我們，中國古代思想有其複雜性和獨特性，對思想觀念的考察應以鮮活的歷史爲基礎。

從一般的意義上說，與「自然」觀念本身相關的問題有：「自然」觀念是如何產生的，爲何產生的，何時產生的，它與其它觀念是如何交互影響的，它本身又是如何變化的等等。人們在實踐活動的過程中形成各種思想觀念，並通過這些觀念建立和鞏固對現實世界的理解，闡發世界對我們的意義。思想觀念又是一個綜合體，因此，當我們考察「自然」觀念的意義的時候，還將思考一些具體的問題：「自然」觀念是老子首先明確提出的，也是老子思想的核心觀念，那麼老子思想是在什麼樣的基礎上形成的，老子生活的時代有哪些思想資源可供他構思。「自然」觀念有什麼特點，使它能和其它觀念區別開來並顯得如此重要。老子和先秦道家是通過什麼樣的思維方式和語言來描述「自然」觀念的。與「自然」觀念相聯繫的其它觀念有哪些，它們又是如何聯繫的等等。當然，這些問題都不是脫離具體的時代和思想傳統而孤立存在的。

本章在第一章所作論述的基礎上，探討先秦道家「自然」觀念的產生。「自然」觀念是老子首先明確提出來的，因此，我們將在本章第一節討論老子及其思想的來源，從老子的思想淵源出發研究這個核心觀念。第二節探討老子思維的創造性，並從思維和語言的關係考察「自然」觀念的產生。

第一節 老子所處的時代及其思想的來源

1. 老子其人其書及其時代

在對中國古代思想與社會的大環境進行考察的基礎上，我們再對老子所處的時代及其思想的來源進行一些探討，以期更好地理解老子思想的特點。關於老子其人其書的問題，清代崔述《洙泗考信錄》和汪中《老子考異》懷疑老子不是春秋時代人而是戰國時代人，後來梁啓超提出《老子》成書於戰國晚期，引起學界的大爭論，這個問題一直懸而未決。關於這個問題，現代學者們主要有四種觀點：

〔註 2〕侯外廬、趙紀彬、杜國庠主編：《中國思想通史》（第一卷）北京：人民出版社 1957 年，頁 17～18。

　　第一種觀點認爲老子大致與孔子同時但年長於孔子，《老子》書的作者就是老聃，但《老子》書有戰國時人的增益。持這一觀點的學者主要有高亨、呂振羽、任繼愈、孫以楷、陳鼓應等。（參見《重訂老子正詁・史記老子傳箋證》，《中國政治思想史》、《老子繹讀》、《老子通論》、《老子注譯及評介》等）第二種觀點認爲老子與孔子同時，但應該將老子和《老子》書分開來看，持這一觀點的學者有唐蘭、郭沫若等。唐蘭認爲《老子》成書於戰國中期，與《孟子》、《墨子》同時。郭沫若認爲老子就是孔子之師老聃，但《老子》一書不是老聃的手筆，而是經過楚人環淵加工潤色的老子遺說。（參見《古史辨》第六冊《老子時代新考》，《青銅時代・老聃、關尹、環淵》）第三種觀點認爲老子是戰國時期人，《老子》書成於戰國時期。梁啓超、羅根澤、侯外廬、馮友蘭等支持這一觀點。（參見《古史辨》第四冊《論〈老子〉書作於戰國之末》、《老子及〈老子〉書的問題》、侯外廬、趙紀彬、杜國庠主編：《中國思想通史》第一卷，侯外廬的研究側重於老子思想產生的年代及其社會根源，他認爲老子思想是對孔墨顯學的批判的發展，是戰國中葉的思想。《中國哲學史新編》第二冊）第四種觀點認爲《老子》成書於秦漢之時，疑古派主將顧頡剛、劉節等持此觀點，但支持這種觀點的人不多。（《古史辨》第四冊《從〈呂氏春秋〉推測〈老子〉之成書年代》、《古史考存・老子考》）

　　另外，1973 年 12 月在湖南長沙馬王堆第三號漢墓出土了帛書《老子》甲、乙本，高明對這兩個文本進行校注並認爲：「《老子道德經》一書是戰國初年的作品，先秦時代之《莊》、《列》、《韓非》、《呂覽》等書皆有徵引。《漢志》所載鄰氏《老子經傳》、傅氏《老子經說》、徐氏《老子經說》，均已不傳；帛書《老子》甲、乙本，皆爲漢初遺物，是目前所見《老子》最早的古本。」〔註3〕1993 年 10 月，湖北荆門市博物館對遭盜掘的郭店一號楚墓進行清理發掘，在木槨頭箱中發現八百多枚竹簡，其中有 71 枚是抄錄《老子》的，整理者根據竹簡的形制、長短將這 71 枚竹簡分爲甲、乙、丙三組。裘錫圭認爲：「墓中所出《老子》簡的抄寫時間，大概不會晚於公元前三百年左右，比已有的《老子》的最古本子——抄寫於秦漢之際或漢代初年的馬王堆帛書《老子》甲本，還早了一百年左右。」他並據此推測：「如果《老子》確爲老聃的弟子或再傳弟子所編成，其成書年代很可能在公元前五世紀中葉或稍晚一些

〔註3〕高明：《帛書老子校注》北京：中華書局 1996 年，頁 5～6。

的時候，下距《老子》簡本的時代一百幾十年。」〔註4〕

本文主要採用第一種觀點，因為這種觀點在傳世文獻、考古發現的地下文獻以及思想觀念等多方面與其它觀點相比有更強的解釋力。

老子就是老聃，生活在春秋末年，其時強吞弱、大役小，周王室威信低落，各國政權下移，內亂不斷，「春秋之中，弒君三十六，亡國五十二，諸侯奔走不得保其社稷者不可勝數。」（《史記‧太史公自序》）據《莊子‧天道》和《史記‧老子韓非列傳》所載，指出老子曾為「周守藏室之史」，掌管東周王朝的圖書典籍。孔丘是其後輩，曾向他請教過有關古禮的問題。後來，老子「見周之衰，乃遂去。至關，關令尹喜曰：『子將隱矣，強為我著書。』於是老子乃著書上下篇，言道德之意五千餘言而去，莫知其所終。」（《史記‧老子韓非列傳》）章太炎就此總結說：「道家老子，本是史官，知成敗禍福之事，悉在人謀，故能排斥鬼神，為儒家之先導。」〔註5〕

高亨《關於老子的幾個問題》一文〔註6〕，參考《左傳》對老子生活時代周王朝具體的政治情況進行了詳細的描述，其中雖然有一些假定，但還是為我們瞭解老子的生平遭遇提供了比較可靠的文獻依據。高亨假定老聃比孔子年長22歲，生於魯襄公2年（公元前571年），死於魯哀公23年（公元前472年），享年一百歲。他認為老聃和老陽子是同一個人，在42歲以前，曾經受周王朝貴族的迫害，逃往魯國。後來又回周任王朝徵藏史。在52歲之時，經歷了周王朝一次曠日持久的內戰──王子朝之亂（發生於魯昭公22年，公元前512年）。魯昭公26年（公元前516年）晉國出兵援助周敬王，召伯盈趕走王子朝，「王子朝及召氏之族、毛伯得、尹氏固、南宮嚚奉周之典籍以奔楚。陰忌奔莒以叛。」老子因王朝典籍被遷走，失去職守，從此過起了隱君子的生活。後來，老子又離開故鄉隱居地，西遊於秦，最後就死在了秦國。

老子時代周王朝發生了許多變故，氏族貴族之間爭權奪利，劉獻公、甘悼公、毛伯過、鞏簡公都是被族人殺死的。王子朝與周悼王、周敬王兩大集團之間的內戰前後持續了十幾年才結束。這些事件有的是老子有所耳聞的，有的是老子親身經歷的，他本人又掌管典籍，多識前言往行，所有這些都對

〔註4〕陳鼓應主編：《道家文化研究》第17輯《郭店〈老子〉簡初探》北京：生活‧讀書‧新知三聯書店，1999年，頁27～30。

〔註5〕章太炎：《中國現代學術經典‧章太炎卷‧諸子學略說》石家莊：河北教育出版社1996年，頁484。

〔註6〕高亨：《關於老子的幾個問題》載《社會科學戰線》1979年第1期。

老子的思想發生著深刻的影響。老子生活在一個充滿危機的時代，舊的政治、道德、宗教三位一體的社會，以及將政權、族權、神權三者合一的周禮都面臨著整體的崩潰。來自各方面的衝擊使得原來由周禮維持的關係變得模糊和鬆弛，面對這樣的現實，各種新思想開始出現。老子的思想正是在這樣的時代，通過批判和反思周禮而產生的：

> 如果說周禮是人類生存發展旅途上可供借宿的客舍的話，那麼道德追求與規範、法制、尚賢，同樣也只能是供人們暫住一宿的客舍。它們都是就事論事的具體的、有限的方法，都是人們設定的非自然的功利目標。人們總是在為追求這些功利目標生活而忘記享受自然而然的生活過程本身。老子認為必須從治本出發來救世。……於是「道法自然」就成了老子思想之根本，無為而無不為也就成了他救世的原則方法。〔註7〕

通過闡釋「道」的意義，老子開始建立一個新的相互關聯的思想觀念系統，一種新的思想範式，更有力地深思在周禮的束縛下產生的難題以及人類生存的真實處境，他「選用這個道字的動機，大約就因為有『天道』的成語在前，而且在這個字中是包含有四通八達的意義的吧」。〔註8〕因此，我們可以說老子是新的思想方向的開山闢路人。

2. 老子與史官

第一，老子是精通禮的東周王朝史官。所以《漢書・藝文志》說：「道家者流，蓋出於史官，歷記成敗存亡禍福古今之道，然後知秉要執本，清虛以自守，卑弱以自持，此君人南面之術也。」〔註9〕傅斯年把戰國諸子分為宗教家及獨行之士；政治論者；「清客」式之辨士三類，他認為《漢書・藝文志》說九流十家出於王官的說法是有一定道理的，這些才智之士都是在一個特殊的地域當一個特殊的時代憑藉一種特殊的職業而生。而史官之職，由於為朝廷做記錄，能夠明澈世事，又由於可以看到藏在官府的典冊，所以能成就多識前言往行、深明世故精微的人。因此，說道家出於史官是順理成章的。〔註10〕在中國

〔註7〕孫以楷：《老子通論》合肥：安徽大學出版社 2004 年，頁 205。

〔註8〕郭沫若：《中國古代社會研究（外二種）・青銅時代・先秦天道觀之進展》石家莊：河北教育出版社 2004 年，頁 272。

〔註9〕（漢）班固：《漢書》北京：中華書局 1962 年。

〔註10〕參見傅斯年：《中國現代學術經典・傅斯年卷・戰國子家敍論》石家莊：河北

古代，史官群體是文化的主要傳承者，他們有多種分工，有豐富的知識，廣泛參與各種政府活動以及重要的宗教事務，負責進行文字記錄以及文獻的保管、整理。史官的職責和禮有密切的關係，因為禮是氏族貴族維護其統治的一種特別的政權形式，禮把政治、道德、宗教連接起來，表現爲尊爵的固定化或階級專政的法制化。氏族貴族的歷史在某種意義上就是禮的發展變化的歷史。《周禮·春官宗伯》中有太史、小史、內史、外史、御史五種分工不同的史官：

> 總五史之職，詳析其性質，蓋有八類。執禮，一也。掌法，二也。授時，三也。典藏，四也。策命，五也。正名，六也。書事，七也。考察，八也。歸納於一則曰禮。五史皆屬春官宗伯。春官爲典禮之官，即堯典之秩宗。伯夷以史官典三禮，其職猶簡。故宗伯與史不分二職。歷夏商至周，而政務益繁，典冊益富，禮法益多，命令益夥，其職不得不分。然禮由史掌，而史出於禮。則命官之意，初無所殊。上溯唐虞，下及秦漢，史官源流，歷歷可循。〔註11〕

從中國古代社會發展的特點來看，夏商周三代的歷史就是禮文明的成長史。據《莊子·天道》和《史記·老子韓非列傳》所載，老子曾爲東周王朝史官，負責掌管王室所藏的圖書典籍，相當於東周王朝國立圖書館館長。〔註12〕從史官與禮的密切聯繫可以看出，老子本人是精通禮的史官，對禮有深入的理解和思考，深知禮的根本及其生成和發展的所以然，因此才能說出「故失道而后德，失德而後仁，失仁而後義，失義而後禮。夫禮者，忠信之薄也，而亂之首也。前識者，道之華也，而愚之首也，是以大丈夫居其厚而不居其薄，居其實而不居其華。故去彼取此」〔註13〕這樣的話。

　　第二，從史學史的角度來看，我們也可以說《老子》書和古代記言的史書有密切關係，它側重於對歷史經驗教訓的理論思索。春秋戰國時代強吞弱、大役小，都有其社會經濟背景。白壽彝考察中國史學史指出，周王室權威沒落，各國政權下移，各國之間戰爭和相互來往頻繁是這一時期突出的歷史特點，在這樣的歷史條件下，「歷史記載不再是基本限於周王朝而是出現於許多國家了，不再是局限於官文書和詩篇的形式而是逐漸發展爲按年代先後連續

　　教育出版社 1996 年，頁 289～295。

〔註11〕柳詒徵：《國史要義》上海：華東師範大學出版社 2000 年，頁 6～7。

〔註12〕參見高亨：《重訂老子正詁·史記老子傳箋證》北京：古籍出版社 1956 年，頁 162。

〔註13〕參見高明：《帛書老子校注》北京：中華書局 1996 年，頁 1～8。

記載的編年的國史形式了；而且不僅是國史出現了，私人撰述也出現了。」春秋戰國時代國史的記載主要採取三種形式：第一種只記某時有某事發生。如《左傳》哀公 25 年，齊太史記：「崔杼弒其君。」這種形式是從甲骨文的記事形式發展而來，《春秋經》、《竹書紀年》繼之。第二種形式是寫出史事的過程。如《韓非子・奸劫弒臣》引崔杼事，詳記崔杼殺齊莊公的原因和當時的情況。《左傳》記王子朝之亂，從魯昭公 22 年到魯昭公 26 年，按年月順序一一記之。第三種形式是記言，或以記言為主，或記事又記言。這種形式在《左傳》、《國語》中多有之。〔註 14〕《左傳》中史官記言的文字很多，如：「為國家者，見惡如農夫之務去草焉，芟夷薀崇之，絕其本根，勿使能殖，則善者信矣。」（隱公 6 年）「史佚有言曰：兄弟致美。救乏、賀善、弔災、祭敬、喪哀，情雖不同，毋絕其愛，親之道也。」（文公 15 年）「史佚有言曰：「無始禍，無怙亂，無重怒，重怒難任，陵人不祥。」（僖公 15 年）《國語》中記言的文字如：「先王之令有之曰：天道賞善而罰淫，故凡我造國，無從匪彝，無即慆淫，各守爾典，以承天休。」（《國語・周語中》）「禮志有之曰：將有請於人，必先入焉。欲人之愛己也，必先愛人。欲人之從己也，必先從人。」（《國語・晉語四》）諸如此類的言論都是對歷史所做的理論思考與總結，這與《老子》書有內在的聯繫。作為東周王朝徵藏史的老聃掌管典籍，身處亂世，有比較曲折經歷，他把自己對歷史興衰所做的深刻反思記錄在《老子》五千言中，「老莊之學，最深於史。病儒者及史家之持空名，而為奸宄所盜也，則以禮教名義為不足恃。」〔註 15〕他並沒有拘泥於對具體的歷史事件和知識的記述，而是提醒人們不要被日益豐富的知識所迷惑，局限於追求細節，使得內心僵化，失去反思和批判的能力，「為學日益，為道日損，損之又損，以至於無為，無為而無不為。」（《老子》第 48 章〔註 16〕）所以老子才會誡適周問禮的孔子說：「子所言者，其人與骨皆已朽矣，獨其言在耳。」（《史記・老子韓非列傳》）老子對禮樂制度、知識、語言、文明以及人類生存處境等的思考都是潛入思想深層的，是「玄之又玄」，歸本於「獨立而不改，周行而不殆」的自然之道的，所有這些都與老子對歷史的深入洞察密不可分。老子對

〔註 14〕參見白壽彝主編：《中國史學史（第一卷）：先秦時期・中國古代史學的產生》上海：上海人民出版社 2006 年，頁 137～138。

〔註 15〕柳詒徵：《國史要義》上海：華東師範大學出版社 2000 年，頁 25。

〔註 16〕王弼注《老子道德經》見《諸子集成》上海：上海書店出版社，1987 年。

歷史的思考是由事實出發，但偏重於哲理、理論的。

第三，史官文化及其思維方式推動老子思想向深入發展。史官的職務範圍比現在所理解的歷史工作者的任務寬泛得多，而且還有一定的政治權力。我們在第一章指出，史官注重天道的傳統推動思想觀念向深層變化。這種史官思維是在對諸多歷史事件的思考中發展起來的，而強烈的歷史意識必然涉及到對事件運動過程的關注，這也是中國古代思想的顯著特點。因為歷史事件是中性的、孤立的、零散的，而對歷史事件的認識和解釋則是有機的、構造的、系統的。這就是說，有意義的歷史不僅需要史實，更需要對史實本身進行解釋，還需要對解釋史實所貫徹的精神進行反思，這就要求史官認識自己和自身所處的環境，究天人之際，通古今之變。因為只有具備深刻思想和理論內涵的歷史記錄才是有價值的，從這種意義來說，史官對中國古代思想的發展有巨大影響。「夫史官者，必求博文強記、疏通知遠之士，使居其位，百官眾職，咸所貳焉。是故前言往行，無不識也；天文地理，無不察也；人事之紀，無不達也。」（《隋書‧經籍志》）稱職的史官必須對天文、地理、人事有系統深入的看法，對過去、現在、未來有深刻的洞察，對現實世界有整體的把握。重視天道、重視天地人三才統一的傳統就是一代代史官在長期的思考過程中發展和遵循的。老子的思維方式受到史官文化的直接影響。首先，老子提出「人法地，地法天，天法道，道法自然」的思想綱領，把天地人統一於「道」，作為整體來進行考察，這和史官引天道以明人事，「史以天占人」（《法言‧五百》）的思維方式是一致的。其次，老子注重天地萬物變化的過程，並以辯證的眼光來看待事物，對事物之間的對立統一具有深刻的洞察能力。老子思想的主旨就是「建之以常無有，而主之以太一。」（《莊子‧天下》〔註17〕）有名、無名；有欲、無欲；禍、福；美、丑；強、弱等等在老子看來都處在不斷的轉化之中，所謂「反者道之動。」（《老子》第40章）這種思維方式和史官文化也具有一致性，與老子同時代的晉國史官史墨就曾說過：「物生有兩，有三，有五，有陪貳。故天有三辰，地有五行，體有左右，各有妃耦，王有公，諸侯有卿，皆有貳也。」（《左傳》昭公32年）老子更進一步思考事物對立面之間的統一，並把道作為這種統一的基石，「天得一以清，地得一以寧，神得一以靈，侯王得一以為天下貞。」（《老子》第39章）老子強調「一」、「執一」、「執古之道，以御今之有」都是在探尋事物深刻的統一

〔註17〕（清）郭慶藩：《莊子集釋》北京：中華書局1962年。

性的過程中提出來的。〔註18〕由此可見，老子思想與史官文化具有密切聯繫，老子的思維方式是在史官思想的基礎上發展起來的。

第四，最重要的是老子在繼承史官文化傳統的基礎上提出「玄之又玄」的道論，引發人們不斷地進行深入思考。我們結合龔自珍對老子與史官的一段評論來看老子對史官文化的繼承和超越。龔自珍說：

> 史之尊，非其職語言司謗譽之謂，尊其心也。心如何而尊？能入。何謂入？天下山川形勢，人心風俗，土所宜，姓所繫，國之祖宗之令，下逮吏胥之所守。其於言禮、言兵、言獄、言掌故、言文章、言人賢否，皆如言其家事，可謂能入矣。又如何而尊？曰能出。何謂出？天下山川形勢，人心風俗，土所宜，姓所繫，國之祖宗之令，下逮吏胥之所守。其於言禮、言兵、言獄、言掌故、言文章、言人賢否，闖猶人在堂下，號咷舞歌，哀樂萬千。堂上觀者，肅然踞坐，眒眒而指點焉。可謂能出矣。不能入者非實錄。垣外之耳，烏能治堂中之憂也耶？如此則史之言必有餘攘。不能出者，必無高情至論。優人哀樂萬千，手口沸羹，彼豈復能自言其哀樂也耶？如此史之言，必有餘喘。是故欲為史，若為史之別子也者，毋攘毋喘，自尊其心。心尊，則其言亦尊；心尊，則其官亦尊矣；心尊，則其人亦尊矣。尊之所歸宿則如何？曰：乃又有大出入焉。出乎史，入乎道。欲知道者，必先為史。此非載所聞，及劉向、班固之所聞。向、固有徵乎？我徵之曰：古有柱下史李耼，卒為道家大宗，我無徵也歟哉。〔註19〕

作為柱下史的老耼是「道家大宗」，有著淵博的知識，但又不為「山川形勢」、「人心風俗」所束縛，而是進一步對自己所掌握的豐富事實進行思索，把事實的材料轉化為思想的財富，從向外的觀察轉到向內的反思，從認識外部世界轉向認識自我，在日常生活中保持純真的智慧的心靈。擺脫對知識的急切需求，面對大千世界進行心平氣和的、思辨的、理論的探索，這就是「自尊其心」。然而「自尊其心」還有更為幽遠的歸宿，這個歸宿就是「出乎史，入

〔註18〕 參見孫以楷：《老子通論》合肥：安徽大學出版社 2004 年，頁 239～246。王博《老子思維方式的史官特色》載《道家文化研究（第四輯）》上海：上海古籍出版社 1994 年，頁 46～57。

〔註19〕 龔自珍著，夏田藍編：《龔定盦全集類編‧尊史》北京：中國書店 1991 年。

乎道」，這樣的出入乃是所謂「大出入」，就是經過超越性、創造性的深思維對世界做總體的思考，在世界的整體中認識自我。這不是純粹概念的和抽象的，而是具體的、活生生的，把可見的與不可見的、有形的和無形的、運動的和靜止的綜合起來進行思考，思考「玄之又玄」的微妙地變化著的世界。人類是這個世界的一員，是在這鮮活的世界中生成的，人的思維、認識、行動都是這個世界演化過程的產物，因此人們應該對自身所處的世界有清醒的認識、深沉的感情和真切的體驗。這就是《老子》中所說的「道法自然」（《老子》第 25 章），《莊子》中所說的：「道兼於天。」（《莊子・天地》）從某種意義上說，這也符合雅斯貝爾斯說的，「軸心時代」（公元前 800 年至公元前 200 年）的新特點：「世界上所有三個地區（古希臘、古印度、古代中國）的人類全都開始意識到整體的存在、自身和自身的限度。」〔註20〕

　　總而言之，從老子的身份來看，他曾是東周王朝掌管典籍的史官；從《老子》書來看，它記載了老子對歷史的深刻反思；從思維方式來看，老子深受史官文化的影響，但又有「出乎史，入乎道」的「大出入」，超越史官文化，其思維直探道的最深層。然而，我們也應該看到，老子的思想不是一蹴而就的，它有一個發展的過程：

> 他的思想的特色是建立了一個新的宇宙的根元，而依然保守著向來的因襲。就是他的新的發明也還沒有十分圓熟。例如本體的「道」是從什麼地方發生出來的，在他都還是疑問……第二十五章……於「道」之上又列出自然來，所謂「自然」當然是指天地中一切雲行雨施的變化，讓「道」來取法乎它是連「道」也失掉了它的至上性了。這些地方正表現著老子思想的為圓熟，也表現著他的苦心處，他對於他自己所產生出的「道」的來歷確實是還在苦心探索著的。〔註21〕

雖然郭沫若對自然的解釋偏向於自然界的觀點值得商榷，但他指出了老子思想有繼承也有創新的過程性，也指明了自然觀念是老子在對「道」做進一步深思的過程中提出來的。

〔註20〕　（德）卡爾・雅斯貝爾斯：《歷史的起源與目標》魏楚雄、俞新天譯，北京：華夏出版社 1989 年，頁 8。

〔註21〕　郭沫若：《中國古代社會研究（外二種）・青銅時代・先秦天道觀之進展》石家莊：河北教育出版社 2004 年，頁 273。

3. 老子與古之道術

　　老子思想及其來源極爲複雜，可以運用不同的方法從不同角度和層面進行研究，諸如遠古宗教巫術、上古文化傳統、學術交融、新出土文獻資料、社會思潮、地域文化、邏輯特點、科學技術史以及考古學、社會學、人類學、語言學等都能爲老子思想的研究提供新的視角和方法。具體到本文來說，我們對先秦道家「自然」觀念的探討，重點在考察先秦道家的社會歷史基礎及其思維方式、認知方式、語言方式的特點。

　　從思想史和哲學史的角度來看，任繼愈對老子思想的來源做了比較精當的論述，他認爲老子思想有三個來源：

　　　　第一個來源，它繼承荊楚文化的特點，貴淳樸自然，反雕琢文飾。第二個來源，老子博學多聞，善於吸取古代文化遺產，總結前人經驗。第三個來源，老子親眼看到春秋時期社會的混亂，舊秩序的崩潰，仁義口號的虛僞性。〔註22〕

我們認爲，老子思想特點不一定與荊楚文化有直接關係。老子思想主要來源於春秋戰國時期思想觀念的變更，老子本人的生活經歷以及老子的思維方式。「自然」觀念是老子在對道的苦心探索中產生的。老子作爲道家思想方向的開創者，瓦解殷周以來以神權爲中心的思想觀念體系，取消人格神的天之至上權威，在春秋末年提出「人法地，地法天，天法道，道法自然」的思想綱領，這與他從史官到隱者的生活經歷以及對前人思想的繼承和總結直接相關。

　　第一，老子棄職隱居的生活經歷使他得以靜觀深思自然之道。老子與史官的關係已如上述，老子的另一重身份就是隱者。「隱」也是許多古代智者最爲典型的生活方式，不管在老子之前還是之後，社會上都有很多「避世之士」，他們過著「日出而作，日入而息；鑿井而飲，耕田而食，帝力於我何有哉」〔註23〕的生活。春秋戰國之際，社會變革劇烈，原有社會結構發生轉變，各階層流動頻繁，更出現了大批隱者，如老聃、楊朱、子華子、列子、莊周、北昏瞀人、南郭子綦、楚狂接輿、長沮、桀溺、荷蓧丈人等等，他們的名號和言行見諸《論語》、《莊子》、《史記》等文獻。他們對民間疾苦有所體會，有獨特的精神風貌，憤世嫉俗、潔身自好，以超越的態度批判社會現實，揭

〔註22〕任繼愈：《老子繹讀》北京：北京圖書館出版社 2006 年，頁 245。

〔註23〕（清）沈德潛編選：《古詩源》長沙：嶽麓出版社 1998 年，頁 1。

露社會矛盾,隱者是時代的產物,也是道家思想的重要傳播者,「隱故不自隱,古之所謂隱士者,非伏其身而弗見也,非閉其言而弗出也,非藏其知而不發也,時命大謬也。當時命而大行乎天下,則反一無迹;不當時命而大窮乎天下,則深根寧極而待,此存身之道也。」(《莊子・繕性》)失去史官職守,「以自隱無名為務」的老子正是這批隱者中的傑出代表。

仕對與老子有關的史料進行多方考辨之後,孫以楷為我們勾畫出老子晚年的大致去向:

> 公元前516年,王子朝在周王朝內部爭奪王位的鬥爭中失敗,他與失勢的貴族攜帶大批典籍奔楚。老聃因失職而丟官,回到故鄉相邑隱居。期間孔子來訪,既問道又爭辯。相的位置處吳頭楚尾,是吳楚征戰最多的地方。這迫使老子離開故里西出關入秦,隱居於扶風,死葬於槐里。〔註24〕

老子隱居之後,對歷史進行全面的反思,對現實進行冷靜的觀察,結合自己對生命的體驗,以獨特的思維方式,揭露周禮的虛偽和統治者剝削制度的殘酷。提出無為而治的政治觀,並在深思「玄之又玄」的「道」的過程中提出了自然觀念,把「道法自然」置於無比優越的地位。天地之間的飄風驟雨,自然界的千變萬化,人類的行為、語言,人類文明的種種施設都深深地紮根於自然之道,受惠於自然之道同時也受制於自然之道。「老子堅持了『以本為精,以物為粗』的根本方法,不是就事論事,而是把成功的歷史經驗和古之道術加以總結昇華,使之最終體現為自然無為的總原則,使之構成那種囊括一切的內在品格。」〔註25〕在老子看來,只有通過與自然之道的深入交流才能超脫亂世回歸淳樸,所謂「執古之道,以御今之有」。(《老子》第14章)這也是老子思想最具原創性和啟發性的方面。

第二,老子總結前人對世界的思索和探求,進行高度的理論概括,提出自然觀念,《老子》書用充滿詩意的語言表達了深邃的思想。

(1)中國古代學術思想是以氏族貴族創立的官學為源頭的,「意識的生產只有在氏族貴族的範圍內發展,不會走到民間;春秋末期所謂學術下民間的歷史,已經是周道衰微的證件了。」〔註26〕《莊子・天下》所說的不離於

〔註24〕孫以楷主編:《道家與中國哲學(先秦卷)》北京:人民出版社2004年,頁49。

〔註25〕孫以楷:《老子通論》合肥:安徽大學出版社2004年,頁206。

〔註26〕侯外廬、趙紀彬、杜國庠主編:《中國思想通史》(第一卷)北京:人民出版

宗的「天人」，不離於精的「神人」，不離於眞的「至人」，以天爲宗、以德爲本的「聖人」，以及明於仁義禮樂的君子就是古代學術思想的創立者。春秋時期，氏族組織開始解體，政權逐漸下移。與這一趨勢同步，學術思想開始揚棄「官學」的氏族貴族形式，艱難地向國民階級的「私學」形式轉化。「古之人其備乎，配神明，醇天地，育萬物，和天下，澤及百姓。明於本數，繫於末度，六通四闢，小大精粗，其運無乎不在。其明而在數度者，舊法世傳之史尚多有之。」（《莊子‧天下》）這雖然是對學在官府的理想化描述，我們可以從中看到，古代學術有著悠久的傳統，歷代的制度法則，施政的各種具體措施，世世代代都有流傳，史書上有所記載，積累了很多典籍文獻，由王官世代保藏，以資政教。《國語‧楚語上》記載楚莊王（公元前 613～597 年）問教太子之法，申叔時就提到《春秋》、《世》、《詩》、《禮》、《樂》、《令》、《語》、《故志》、《訓典》等多種典籍，可見當時官府所藏文獻一定不少。

　　春秋戰國之際，天下大亂，王官失守，官府所藏的典籍逐漸散落民間，「吾（仲尼）聞之，『天子失官，學在四夷』，猶信。」（《左傳》昭公 17 年，公元前 525 年）。「夫物物有官，官修其方，朝夕思之。一旦失職，則死及之。失官不食，官宿其業，其物乃至。若泯棄之，物乃坻伏，鬱湮不育。」（《左傳》昭公 29 年，公元前 513 年）。「失職」和「失官」正是當時「世衰道微」所帶來的結果。商周時代的官職，以帶有宗教性質的官居於上位，其次是政務官和事務官，到春秋時期，與古代宗教文化有密切關係的官職的地位明顯降低了，到漢代「文史星曆近乎卜祝之間，固主上所戲弄，倡優所蓄，流俗之所輕也。」（《漢書‧司馬遷傳》）〔註27〕王官失去職守，散處各地，他們掌管的文獻典籍也隨之傳播開來。這爲「官學」向「私學」的過渡轉化提供了極爲有利的條件和豐富的思想資源，「其數散於天下，而設於中國者，百家之學，時或稱而道之。」（《莊子‧天下》）老子就是在這樣的背景下棄官歸隱，精研天道，提出自然觀念的。因此，可以說《老子》書是在古代學術思想從「官學」向「私學」轉化的過程中出現的。

　　（2）老子對中國古代文化遺產有濃厚的興趣和強烈的探索精神，他從理論的高度繼承和發展了古代文化。

　　　社 1957 年，頁 25。

〔註27〕參見郭沫若：《中國古代社會研究（外二種）‧青銅時代‧先秦天道觀之進展》
　　　　石家莊：河北教育出版社 2004 年，頁 266～267。

　　道家思想與古代巫師巫術有密切關係。在對以青銅器爲大宗的商周文物進行研究的過程中，史官與巫師巫術以及古代文化的密切關係備受重視，陳夢家、張光直等考古學家明確指出，最早的史官是神職人員，史官和巫師的職能集於一身。〔註 28〕龐樸論述了古代巫術與道家思想的關係，他認爲：「『無』字被選定爲道家的哲學範疇，有其深遠的思想淵源。」這一淵源就是遠古的巫術，從字源上看「巫」、「舞」、「無」三個字是三位一體的，「巫」就是「能事無形以舞降神」的人，而史官正是出於那些能事無形的以舞蹈降神的巫，他們博學多聞，「知天道」「能相人」，是一些能夠同「無」打交道的人，「他們心目中的無，不僅不是虛空或沒有，而是主宰萬物、支配一切的大有，神聖的有。這樣的無，正是後來道家哲學的思想源頭。」〔註 29〕

　　呂思勉說：「古書率以黃、老並稱。今《老子》書皆三四言韻語；書中有雌雄牝牡字，而無男女字；又全書之意，女權率優於男權。此書絕非東周時之老聃所爲，蓋自古相傳，至老聃乃著之竹帛者也。」〔註 30〕我們不必完全同意這種推測，但呂思勉指出《老子》書有很古的淵源，並非無源之水、無本之木，這是比較合理的。老子一派的思想對古之道術有所繼承，《莊子·天下》說：「以本爲精，以物爲粗；以有積爲不足；澹然獨與神明居。古之道術有在於是者，關尹、老聃聞其風而悅之。」關尹、老聃把無形的「道」當做精微的、根本的，把有形的物視爲粗疏的，認爲蓄積有餘就是不足；心胸清淡恬靜就能與神明共處。這說明老子一派對古代思想的繼承不是偏重於形式，而是以精深的道理爲基礎，偏重於理論思索和概括。

　　老子的思想以及《老子》書是在繼承和發展古之道術的基礎上形成的。《周易》作爲卜筮之書，保存了許多古人溝通天人之術，

　　　　《易》與天地準，故能彌綸天地之道。仰以觀於天文，俯以察
　　於地理，是故知幽明之故。

　　　　《易》無思也，無爲也，寂然不動，感而遂通天下之故。

　　　　是以明於天之道，而察於民之故，是興神物，以前民用。（《周

〔註 28〕　參見張光直：《商代的巫與巫術》載《中國青銅時代》北京：生活·讀書·新
　　　　　　知三聯書店 1983 年，頁 39～66，該文對商代巫術進行了全面的論述，並給出
　　　　　　了研究中國古代巫術的主要線索。又可參見《美術、神話與祭祀》pp61～71。
〔註 29〕　龐樸：《龐樸文集》（第一卷）濟南：山東大學出版社 2005 年，頁 76～83。
〔註 30〕　呂思勉：《先秦史》上海：上海古籍出版社 2005 年，頁 437。

易・繫辭傳上》〔註31〕）

古人對《周易》非常重視，認為它包含著天地萬物運行的規則，用《周易》的法則進行思考，仰觀日月星辰的文采，俯察山川原野的理致，就能知道幽隱無形和顯明有形的事物。《周易》所蘊含的道理不是冥思苦想得來的，而是通過觀察天地變化陰陽交感的徵象自然而然地通曉的，運用觀物取象、觀象玩辭、觀占玩變等思維方式，探究天地的運行，深察社會的變遷，趨吉避凶。世界的奇妙正在於人們可以從它的變化無窮中探索出一定的規則，這些規則又由於世界本身的變化而隨時改變。排除偶然性，純粹按某些規則運行的世界是僵死的無生氣的。但是，只有偶然性，毫無法則可循的世界是雜亂的可怕的。只有變中有不變、不變中又蘊含變化的世界才是可愛的，能夠激發人們進行不懈的探索的。以《周易》為代表的古之道術為我們描繪的正是這樣一個變化的、有一定規則的、開放的、複雜的、充滿生機的世界。因此，《周易》自古就受到人們的重視，對《周易》的研究有很悠久的傳統。《左傳》昭公2年（公元前540年，正是老子生活的時代，當時孔子12歲）：

> 晉侯使韓宣子來聘，且告為政而來見，禮也。觀書於大史氏，
> 見《易象》與《魯春秋》。曰：「周禮盡在魯矣，吾乃今知周公之德
> 與周之所以王也。」

孔穎達《春秋左傳正義》對此進行疏解說：「太史之官，執掌書籍，必有藏書之處，若今之秘閣也。氏猶家也，就其所司之處觀其書也。見《易象》，《易象》魯無增改，故不言《魯易象》……文王、周公能制此典，因見此書而追歎周德……周之所以得王天下之由，由文王有聖德能作《易象》故也。」〔註32〕孔穎達對《易象》一書的解釋比較模糊，似乎認為它就是《周易》，這種認識是不對的。《易象》是對《周易》進行研究的著作，大概是古代哲學思想的一種會集，是古代的易學研究論文集。「《易象》不會就是《易》的經文。……《易象》這本書，一定是一本講易象的，類似《易傳》的書，它是講《易》的象，而不是《周易》經文本身。這就看到了當時在魯國已經有一種易學。這種易學的存在在《左傳》中很多，後來就吸收到孔門的《易傳》中間。這些就是早於孔子之前的易學。」〔註33〕

〔註31〕金景芳、呂紹綱：《周易全解》上海：上海古籍出版社2005年。

〔註32〕阮元校刻：《十三經注疏》北京：中華書局1980年，頁2029。

〔註33〕李學勤：《中國學術的源起》載《光明日報》2008年6月30日，第12版。

　　曾在東周王朝掌管典籍的史官老子應該見過藏於秘閣的《周易》以及當時研究《周易》的易學著作，他對天道的進一步探索，是有《周易》等古代哲學著作為基礎的。老子有無統一的道論，「萬物負陰而抱陽」、「有無相生」的對立統一思想，「反者道之動」的矛盾轉化思想，「道法自然」、「以天下觀天下」、「道隱無名」、「大象無形」的思維方式，「不敢為天下先」的處世方法，都與《周易》有密切的關聯。「道家哲學基本範疇的『無』以及有無統一的『道』的直接來源還是《易經》。……人們使用《易經》占筮，是在探測自然界的神秘信息，它是無形的，但又是實有的。《易經》作為巫用以事神和探測神意的工具，完全體現了『無』的原則。老子把『無』作為其哲學體系的基本範疇，固然是史官（巫）對原始思維定式的昇華，但這種昇華之所以能夠實現，則直接得益於對神無方、易無體基本精神的把握。」〔註34〕因此，我們說老子的思想既有繼承又有創新，但最重要的是他通過學習古代文化，從理論高度加以總結和反思。「自然」觀念正是在這一過程中產生的，它是植根於深厚的歷史文化背景之中的。

第二節　「自然」觀念的產生與道家思維的創造性

1. 先秦道家「自然」觀念的產生

　　老子思想既有繼承，又有創新，充滿創造性，「自然」觀念是老子思想創造性和深刻性的集中體現。「自然」是一個複雜的觀念，是老子充滿智慧的思想的結晶。我們先對「自然」觀念的產生進行簡單的概括，然後從認知科學，思維和語言的角度闡述老子思想的創造性，老子思想的創造過程就是「自然」觀念產生的具體過程。

　　簡單地說，老子「自然」觀念的產生主要涉及以下幾個方面：

　　第一，從社會環境來看，老子生活的春秋末年，是歷史上新舊交錯的時代，社會變動劇烈，人們思想活躍。商周以來形成的宗教思想已經動搖，統治階層中有遠見的人們開始正視現實、思考現實，企圖擺脫傳統的束縛，但宗教思想在整個社會意識中仍占支配地位。「春秋在政治上是爭亂的時代，在思想上是矛盾的時代。政治上的爭亂是在求定，思想上的矛盾是在醞釀著新

〔註34〕孫以楷：《老子通論》合肥：安徽大學出版社，2004 年 pp210～211。

的統一的。」〔註35〕這個時代主要的歷史問題是應否清算或如何清算西周遺制，當時新的經濟因素、新的統治模式、新的社會階層、新的思想觀念都是圍繞著這個問題產生的。「天道」和「人道」的關係問題是春秋戰國之際思想界的主要問題，它標誌著人們開始擺脫神意，認識自己，這是人們對自身存在的深層覺醒。這個問題深刻地規定著思想的方向、內容、思維方式、表達方式等諸多方面，脫離這個實際問題而孤立存在的抽象理論是不曾有過的。

老子提出「自然」觀念正是對一系列時代難題的積極回應，他否定神的權威，質疑種種人為的制度、規範、法則，認為那會導致功利、虛偽、矯情、紛爭，「人之道則不然，損不足以奉有餘」（《老子》第 77 章）。「自然」觀念引導人們批判反思神意的宗教、人為的文明制度，促使人們深思天地萬物，把從「玄之又玄」的自然變化中獲得的啟示運用到自身的生存處境之中，在學習自然之道的過程中不斷提升自己。「自然無為的原則才是老子救世的真精神。他希望人們能從過去體會到自然無為原則的可貴，從而超越現實，消除現實社會中的異化現象，使人性復歸於自然本真。」〔註36〕

老子是一位具有創造性的思想家，他之所以能夠提出「自然」觀念，也是與其生活方式息息相關的。老子一生經歷頗為坎坷，但他從沒有放棄對「道」的體悟、追問和苦心探索，「老子修道德，其學以自隱無名為務。」（《史記‧老子韓非列傳》）老子的思想在不斷地發展進步，我們用發展的眼光考察老子思想，就會發現「道法自然」的提出是老子思想發展的結果，「老子罷官後才從現實生活中認識到周禮的虛偽以及剝削制度的不合道，從而形成了無為而治的社會政治觀，並進而探討自然天道，把無為而治的政治觀植基於天道自然無為的基礎上。」〔註37〕

老子出身史官，經歷一番世事變遷之後歸隱，「不出戶，知天下；不窺牖，見天道」（《老子》第 47 章），深思自然之道，他所認可的生活方式是農村個體農民的自然生活，是沉靜而充滿智慧的辛勤勞作的生活：

> 老子學派的社會基礎是個體農民，老子哲學的中心思想是維護農民的利益。比如反對城市繁華奢侈，歌頌農村的自然生活。使農民「甘

〔註35〕郭沫若：《中國古代社會研究（外二種）‧青銅時代‧先秦天道觀之進展》石家莊：河北教育出版社 2004 年，頁 267。

〔註36〕孫以楷：《老子通論》合肥：安徽大學出版社 2004 年，頁 205～206。

〔註37〕孫以楷、甄長松：《莊子通論》北京：東方出版社 1995 年，頁 66。

其食，美其服，樂其居」。「不見可欲，使民心不亂」。反對戰爭，認
為戰爭使人們受害。戰後的創傷也一時難以恢復，「大兵之後，必有
凶年」。反對重稅，「民之饑，以其上食稅之多，是以饑」。「民之難治，
以其上之有為」。這些表述都出自小農的內心企求。〔註38〕

如果沒有農村寧靜的、與天地萬物親密接觸的生活，沒有沉著睿智的心靈，
《老子》及其思想繼承者的詩意又從哪裏來呢，「自然」的意義又如何能夠
充實飽滿起來呢？閱盡前言往行，遍歷人間世滄桑的老子、莊子，回歸自然
的生活，盡情體會萬物自然而然的運轉，激發出誠摯的情感和超脫的直覺，
「俯拾即是，不取諸鄰。俱道適往，著手成春。如逢花開，如瞻歲新。真與
不奪，強得易貧。幽人空山，過雨采蘋。薄言情語，悠悠天均。」〔註39〕在
充滿詩意和生活氣息的自然之美中沉思妙悟，這也是道家思想的魅力所在。

　　第二，「自然」觀念的提出與春秋戰國之際科學技術的發展有內在聯繫。
春秋戰國時期，社會、政治、經濟、文化領域的一系列變革以及社會各階層
的頻繁交流，推動了科學技術的發展和傳播。老子及其道家的許多代表人物
都深受這一趨勢的影響。

　　大體而言，在農業技術方面，這個時期已出現了生鐵鑄冶和柔化技術以
及塊煉鐵滲碳鋼技術，鐵製工具廣泛運用於生產領域。與小農經濟相適應的
連作制和因時因地制宜的精耕細作技術已初步形成體系，以農為本的重農思
想也發展起來。天文學實現了從定性解說到定量描述的過渡，這與農業生產
對「天時」的確定提出越來越高的要求有關，又與各諸侯國君主普遍接受的
觀測天象可以預知吉凶的觀念有關。〔註40〕醫學方面，以經脈、臟腑、陰陽、
五行為內容的醫學理論開始形成，醫學與日常生活有密切關係，它直接反映
了中國古代人們對生命的關注和認識程度：

　　　　在中國古代，有關性命、生死、意識、情志、氣血、官能等的
　　　　討論，是作為對於自然總體認知的一個重要方面。幾乎所有關心自
　　　　然，力圖探索自然本質與變化規律，以及人和人性的思想家均要涉
　　　　及，進而將治病與治國，自然與人事加以類比，因而所謂生理、醫

〔註38〕 任繼愈：《老子繹讀》北京：北京圖書館出版社 2006 年，頁 255。
〔註39〕 司空圖：《二十四詩品‧自然》轉引自朱良志編：《中國美學名著導讀》北京：
　　　　北京大學出版社 2004 年，頁 127。
〔註40〕 參見盧嘉錫總主編：《中國科學技術史‧通史卷》北京：科學出版社 2003 年，
　　　　頁 193。

理、藥理的知識並非僅限於醫學內部……醫學理論與整個社會的哲
學思想實無什麼明確的界限可言。〔註41〕

由此可見，中國古代思想整體思維和關聯思維的形成不僅僅是抽象思考
的結果，它也和當時的科學技術發展是同步的。

以老莊爲代表的道家學派不論在理論方面還是在實踐方面都與古代科學
技術的發展關係最爲密切，正如李約瑟所說：「東亞的化學、礦物學、植物學、
動物學和藥物學都起源於道家……道家深刻地意識到變化和轉化的普遍性，
這是他們最深刻的科學洞見之一。」〔註42〕道家重視事物的統一性和自發性，
「自然」觀念的提出把人們引向關注事物自發展現、自然變化的一面，因此
道家對自然界中的事物充滿著濃厚的興趣，這就是所謂「原天地之美而達萬
物之理」。(《莊子・知北遊》) 道家不僅探索人生、社會，也探索自然界，這
與春秋戰國時期科學技術的發展是密切相關的。

第三，「自然」觀念的產生是老子思想創造性的集中體現。老子繼承前人
文化遺產，進行理論的總結與概括，對春秋時代開明卿大夫談論的「天之道」、
「人之道」、「古之道」、「文武之道」等觀念進行提煉，提出「道」，又對「道」
進行進一步探討，提出了「道法自然」的觀念，這是春秋時代哲學思想所達到
的高峰。老子拒斥人們用簡單的話語拆卸、割裂、分離、孤立自然之道，所以
他說：「大象無形，道隱無名」(《老子》第 41 章)；「道」的偉大淹沒了人們的
小智小慧，所以他說：「大道泛兮，其可左右。萬物恃之以生而不辭，功成而
不有。」(《老子》第 34 章) 自然之道是不能用尋常的論辯言說去把握的，所
以他說：「知者不言，言者不知」(《老子》第 50 章)，「善者不辯，辯者不善。
知者不博，博者不知」(《老子》第 81 章)。老子認爲「道」是複雜的，對「道」
的認識不能簡單化，不能把「道」當作一個具體的有形的對象，而是要超越感
官，去體會道的存在，「視之不見名曰夷，聽之不聞名曰希，搏之不得名曰微，
此三者不可致詰，故混而爲一。其上不皦，其下不昧，繩繩兮不可名，復歸於
無物，是謂無狀之狀，無物之象，是謂惚恍。」(《老子》第 14 章) 老子的思
維過程整合了現象學思維、形象思維、抽象思維、直覺思維等人類思維的主要
形態，在解決「天道」和「人道」關係的問題中，既有發散性又有聚合性，在

〔註41〕盧嘉錫總主編：《中國科學技術史・醫學卷》北京：科學出版社 1998 年，頁 50。
〔註42〕（英）李約瑟：《中國科學技術史》(第二卷) 何兆武等譯，北京：科學出版
　　　　社，上海：上海古籍出版社 1990 年，頁 175～176。

較短的時間內闡發了一系列思想觀念，並且將這些觀念統一在「道法自然」這一思想綱領之下，這說明老子思想創造性所具有的廣度與深度。

思維和語言有著密切的關係，知識的發展、思維的發展、新觀念的產生和鞏固都有賴於語言。春秋後期至戰國末期，社會大變革、大轉變，語言作為一個複雜適應系統，也隨著環境的變化進行著自我調整和適應。這個時期，新詞大量迅猛地湧現，特別是抽象概念的詞成系統地出現，大大增強了語言的表現能力。這個時期，有許多詞增加了新的意義，有的詞義發生了變化。在新出現的詞中，復音詞所佔比例比單音詞大；在復音詞中，合成復合詞所佔比例比單純復合詞大。同時，以《老子》、《莊子》、《論語》、《孟子》、《荀子》、《墨子》、《韓非子》、《左傳》、《國語》、屈原宋玉的楚辭等為代表的散文、韻文作品，總體上使用的都是經過加工的當時的共同詞彙，它們構成了漢語言文學詞彙的基礎。〔註43〕「自然」觀念是老子提出的諸多新觀念中最有代表性的，它是在對「道」的深入探索中產生的，《老子》書以「自」這個語素為基礎，形成了一個很大的詞串，不自正—不自見—不自伐—不自矜—不自貴—自知—自勝—自均—自賓—自富—自樸—自化—自正—自定。在這個詞串中，老子的思想向多方面拓展，通過語義的變化探討「道」對天、地、人、萬物的意義。「自然」是對這個詞串意義的總概括，它指引人們用整體的眼光看待事物變化，並自覺地順應變化過程。「自然」觀念具有一種指引的、實行的意義，它促使人們用深邃的思想審視日常生活，從充滿變化的世界中汲取直覺，拋棄根深蒂固的成見，衝出封閉狹小的世界，以開放博大的胸懷對待人生。「自然」觀念的創造性就在於它用詩的語言表達了一種富於哲思的生活方式。

2. 思維和語言

道家思想的創造性表現在其具有原創性的思維過程中，以老子、莊子為代表的道家用深刻的語言表達了富有活力的思想，同時也對語言本身進行了反思，揭露並批判一般語言的遮蔽性、僵化性、非整體性和悖論性，發展了一套人與自然深入交流的、鮮活的、開放的、充滿生命力的話語體系，「自然」觀念正是在這一話語體系中產生的。因此，如果沒有對思維和語言關係的深入認識，就不能理解道家思想那些看似充滿矛盾的語言表達方式及其所以然。

第一，思維和語言的關係。語言與人類內心想法之間的關係是語言和哲

〔註43〕見徐朝華：《上古漢語詞彙史》北京：商務印書館 2003 年，頁 134～138。

學研究者們都感興趣的問題。所不同的是語言學家更關注語言內在的形式與規則，而哲學家則關心語言和世界的關係以及語言的意義。

（1）語言的特有屬性。一般而言，語言就是「人所說的話的總稱」〔註44〕。語言爲人類所特有，人們從不同角度來探討語言，目前，研究者們對語言的六類特有屬性達成了一些共識〔註45〕：①語言是可用於溝通的，它使我們能夠與同一個或多個與我們持相同語言的人進行交流。②語言是任意的符號，這可以說是語言的根本屬性。我們通過共享任意的符號來進行交流，所有的字詞都是符號。人們通過符號來指示當前不在眼前的、從未見過的或無法觸摸的思想、觀念、過程、關係和描述。這些符號是約定俗成的，本身並不導向一定的詞義。語言的組合也是任意的，不同的語言會用差異相當大的語音來指相同的事物。③語言是有規律地建構起來的，有結構的。在語言符號這個系統中，只有特定的符號排列方式才有意義，不同的排列就會產生不同的意思。④語言是在多個水平上建構起來的，可以在多個水平上對語言進行分析，如從聲音、意義單元、詞語、短語、段落等層面進行分析。⑤語言是生成的和多產的，在語言學框架的限制內，語言的使用者能產生出新的表達方式，而且語詞能夠不斷生成，表達方式的創新在事實上是無限的。⑥由於語言是生成的和多產的，因此語言就具有動態性和演變性。語言在使用中不斷地變化，人們使用語言建構了一個充滿意義的世界。

基於上述語言的特有屬性，語言學家們把語言定義爲：

> 語言是人類藉以思維和交際的一個音義結合的符號系統，是一個變動的音義結合的結構系統。在這個系統裏，語音、詞彙、語法被看作是語言的三大要素。〔註46〕

人們使用符號系統，用一種事物或現象來代表另一種事物或現象，從而與世界建立能指和所指的關係，通過使用各種各樣的符號，把感性的特殊的材料提升到某種普遍的形式，這樣人類就能夠對世界進行主動的有意義的解釋，擺脫簡單的動物性的刺激——反應模式。神話、藝術、語言、宗教、科學等

〔註44〕陸儉明、瀋陽著：《漢語和漢語研究十五講》北京：北京大學出版社 2003 年，頁 1。

〔註45〕參見（美）Robert J.Sternberg 著：《認知心理學》楊炳鈞、陳燕、鄒枝玲譯，中國輕工業出版社 2006 年，頁 226～231。

〔註46〕陸儉明、瀋陽著：《漢語和漢語研究十五講》北京：北京大學出版社 2003 年，頁 2～3。

人類文化形式都是通過符號系統建構起來的。因此，人類思維的過程與人類使用符號的過程是同步的。正是在這個意義上，卡西爾把人定義爲符號的動物，認爲「符號化的思維和符號化的行爲是人類生活中最富於代表性的特徵」。〔註47〕在認知科學看來，「語言是以語音爲物質外殼、以詞彙爲建築材料、以語法爲結構規則而構成的體系……是最複雜、最有系統，應用又最廣的符號系統。」〔註48〕

（2）語言和思維有密切的關係，這也是在語言研究中爭論最多的問題之一。比較溫和的語言相對論認爲，語言不能決定思維，但語言肯定能影響思維。思維和語言以各種方式進行著交互作用，現在人類還沒有完全理解這個過程，所以只能說，語言有助於思維，甚至會影響知覺和記憶。〔註49〕

現在研究者們更多地採取綜合性的說法，傾向於溫和的語言相對論，即認爲語言沒有完全控制思維，但語言對思維有很大影響，而且語言和思維持續不斷的交互影響始終伴隨著每一個人。不同的文化、不同的語言對思想的決定性有多大，這種決定性又在多大範圍內存在等方面的問題目前還沒有得到解決。關於思維和語言的關係問題，一些傳統的觀點仍然具有很強的說服力：

> 語言符號是個社會的習慣，他可以自由代表意義，結果有了某種語法結構，他所代表的卻不一定非是某種哲學觀念不可。換言之，同樣的觀念可以由各種不同的語法形式代表，同樣的語法結構也可以代表不同的觀念，而同一的觀念又可以由不同的語法結構來代表，只看社會的習慣如何。〔註50〕

我們可以用不同的語言表達同一的觀念，也可以用同一種語言表達不同的觀念，只是在進行表達的過程中會有繁簡難易的差別。因此，語言與思維的關係是統一的而不是同一的，

> 語言和思維既是這樣密切結合在一個統一體內的不同的東西，它們之間就一方面各有各自的特點，各自的內部發展規律，一方面

〔註47〕（德）恩斯特·卡西爾著：《人論》甘陽譯，上海：上海譯文出版社1985年，頁35。

〔註48〕史忠植編：《認知科學》合肥：中國科學技術大學出版社2008年，頁266。

〔註49〕參見：（美）Robert J.Sternberg 著：《認知心理學》楊炳鈞、陳燕、鄒枝玲譯，中國輕工業出版社2006年，頁259。

〔註50〕高名凱：《高名凱語言學論文集》北京：商務印書館1990年，頁9。

又彼此地互相影響。自從語言和思維同時產生的時候起，語言和思
維就不斷地彼此推動，思維的日益發展推動了語言的發展，語言的
日益發展也推動了思維的發展。〔註51〕

思維和語言的互動是在具有創造性和實踐性的人類文化的統一體中進行的，
它們之間相互影響，形成互動關係。

（3）語言之所以能和思維發生關係，有兩個重要原因。

首先，語言作為人類特有的符號系統，是人類進化的產物，語言能力是
人類特有的能力。人腦是語言能力的先天基礎，動物之間不能產生語言，也
學不會語言，從某種意義上，我們可以把語言視為人類的本能。現代認知神
經學對大腦的研究已經能夠確定，語言的普遍特性起源於大腦左半球語言相
關皮層區域的特殊結構。大腦右半球具有很好的語義知識並參與實際語言運
用，右半球受損的人容易缺乏理解對話或講故事的能力，缺乏從上下文進行
推論的能力，不能理解隱喻或幽默話語。〔註52〕正因為此，

各民族的語言雖各不相同，但人類各個語言的基本方面都可能
遵守某些相同的原則，也就是說人類的語言存在著共性，而各個語
言之間所存在的差異其實只是具體的「參數」不同。〔註53〕

人腦是思維和語言的物質基礎，也是思維和語言具有普遍性的重要原
因，與思維的深入相伴隨的是語言的深入，二者在實踐活動中聚合成為推動
人類創造性的強大力量。語言研究對於瞭解人類思維發展過程具有重要的意
義，人類對語言的特點，語言的局限，思維與語言的互動關係瞭解得越充分，
就越能夠對自身、他人、社會、周圍的環境進行更深入的思考和交流。

其次，語言是一個複雜適應系統（Complex Adaptive System，簡稱 CAS），
具有開放性、多產性和演變性。對語言起源與發展的研究表明，語言是一個
複雜適應系統。研究者把這種現象稱為湧現，也就是「少數規則和規律生成
了複雜的系統，而且以不斷變化的形式引起永恆的新奇和新的湧現現象。」
〔註54〕複雜適應系統產生的湧現現象出現在我們日常生活中的許多地方，生

〔註51〕　高名凱：《高名凱語言學論文集》北京：商務印書館 1990 年，頁 24。
〔註52〕　參見（美）Robert J.Sternberg 著：《認知心理學》楊炳鈞、陳燕、鄒枝玲譯，
　　　　　中國輕工業出版社 2006 年，頁 42。
〔註53〕　《漢語和漢語研究十五講》p3。
〔註54〕　（美）約翰·霍蘭德：《湧現》陳禹譯，上海：上海科學技術出版社 2006 年，
　　　　　頁 4～5。

態系統、神經網絡系統、人體免疫系統、全球經濟系統、因特網以及道德倫理系統、思維中概念的擴展等等都是複雜適應系統。目前在生命科學和社會科學的許多領域，人們都運用複雜適應系統來分析、建模、預測相關的現象。對語言起源以及演化的研究表明：

> 我們的語言的確是一個極爲奧妙、極爲複雜的系統，而且是一個時時刻刻適應周圍環境的系統，所以語言是一個典型的 CAS。目前我們無法知道語言是什麼時候、怎麼樣湧現的，但是可以推測它是從手勢、身體的動作、臉上的表情、嘴裏發出的聲音逐漸變化出來的。……自從人類有了原始的語言，由於環境變得越來越複雜，語言也同步變得越來越複雜，在這個複雜化的過程裏，語言不斷地自我調整和適應。〔註55〕

從語言的屬性來看，語言之所以能夠隨著環境的變化而自我調整和適應，是由於語言是任意的符號，人們在使用語言符號進行交流的過程中，繼承並創造了許多新的表達，使語言符號系統變得越來越複雜。新的詞彙包含著人類的新思想和新觀念，所以我們把對語言的考察納入思想史的視野能夠更好地解釋思想觀念形成和發展的過程。

第二，漢語的特點與道家思想創造性的關係。

> 語言的兩大功能——交流感情和傳輸信息，認知世界和描寫世界——的總結果是人類經驗的積累，存在於語言的記憶庫之中。語言之所以具有這一存儲功能，是因爲人類使用語言不限於當時，而可以保存經驗於事後。沒有語言、沒有語言的記憶庫，人的經驗只限於耳聞目見；有了信息庫，人可以聞所未親聞、見所未親見。〔註56〕

從思維與語言的關係來看，說同一種語言的人享有共同的文化傳統和生活方式，語言中積累著前人已有的經驗和知識，是人類認識世界的重要基礎。語言中也保存著許多前人對世界的反思，凝結在不同的觀念之中，是人類思想深入發展的源泉。因此，漢語的特點與道家思想創造性的關係表現爲漢語的顯著特點被先秦道家（以老莊爲代表）分享和繼承，融入到道家思想觀念產生和變化的過程中。

〔註55〕 王士元：《語言是一個複雜適應系統》載《清華大學學報》2006 年第 6 期。
〔註56〕 許國璋：《許國璋論語言》北京：外語教育與研究出版社 1991 年，頁 10。

　　以老莊爲代表的先秦道家分享和繼承了漢語的許多顯著特點。這個問題包含兩個方面：

　　一方面，與其它語言相比，漢語有十分明顯的特點。一種事物的特點，是在跟別的事物比較中顯現出來的，漢語的特點是跟非漢語進行比較而顯現出來的。與印歐語系的語言相比，漢語有兩個最顯著的特性：一是孤立的（isolating）；二是單音綴的（monosyllabic）。所謂「孤立的」是說漢語語詞「沒有形式的變化，語詞在語句上的功用，或各種文法的關係，在它們本身形式上，完全看不出來」。所謂「單音綴的」則是說漢語的語詞「是很簡單的，只有單純的語根語詞和複合的語根語詞兩種」。〔註57〕朱德熙對漢語語法的這兩個特點說得更爲具體，他說：

　　　　首先，在印歐語裏，詞類的功能比較單純……在漢語裏，由於動詞和形容詞不變形，無論在什麼樣的句法位置上出現，形式都一樣。這就造成了詞類多功能的現象。其次，印歐語的句子和分句裏必須有定式動詞，而詞組（短語）裏要是有動詞的話，只能是非限定形式，不能是限定形式。因此，句子和分句是一套構造原則，詞組是另一套構造原則。漢語的動詞沒有限定式和非限定式的對立，動詞不管用在哪裏，形式都一樣，因此句子的構造原則跟詞組的構造原則是一致的；句子不過是獨立的詞組而已。〔註58〕

由於以上的兩個特點，朱德熙認爲漢語是以詞組爲本位的語言，漢語句子的構造原則和詞組的構造原則具有一致性。因此，詞組在漢語中具有非常重要的地位。詞組與詞彙的密切關係不言而喻，詞組的形成從某種意義上說是以詞彙系統的形成爲基礎的，而詞彙系統的形成與人們對世界的認知直接相關。這也說明語言不僅有生理和心理基礎，而且受到社會環境、歷史、文化等諸多因素的共同影響。

　　古人對語言文字的起源也有比較簡明的闡述：

　　　　古者庖犧氏之王天下也，仰則觀象於天，俯則觀法於地，視鳥獸之文與地之宜，近取諸身，遠取諸物，於是始作《易》八卦，以垂憲象。及神農氏結繩爲治而統其事，庶業其繁，飾僞萌生。黃帝

〔註57〕 張世祿：《張世祿語言學論文集》上海：學林出版社 1984 年，頁 32～34。

〔註58〕 呂叔湘等著，馬慶株編：《語法研究入門》北京：商務印書館 1999 年，頁 33～34。

之史倉頡，見鳥獸蹄迒之迹，知分理之可相別異也，初造書契。「百工以乂，萬品以察，蓋取諸夬」。「夬，揚於王庭」；言文者宣教明化於王者朝廷，君子所以施祿及下，居德則忌也。倉頡之初作書，蓋依類象形，故謂之文。其後，形聲相益，即謂之字。文者，物象之本也。字者，言孳乳而浸多也。著於竹帛謂之書，書者，如也。以迄五帝三王之世，改易殊體。封於泰山者七十有二代，靡有同焉。
〔註59〕

古人認爲語言文字不是神造的而是人造的，是人們日常生活的一部分。先民深察天上日月星辰的運行，地下四時晝夜的變化，還有生長於不同地方的各種動物（鳥類、獸類）和植物以及不同的地理、地形、地貌。這是先民對自然環境最早的認知，語言就是隨著這個認知過程起源和發展起來的。「近取諸身，遠取諸物」說明人們在很大程度上通過對自身的體驗和對世界的觀察來進行認知活動。傳說後來黃帝的史官倉頡開始創造文字，其原則是「依類象形，謂之文」，就是按照物的類來畫它的形，不是按一件具體的物來畫它的形，所象的形是諸形的概括，在某種意義上是抽象的。「文」是經過概括的符號而不是具體的圖畫。「形聲相益，即謂之字」，漢語的書面形式發展到既有形符又有聲符的階段才算有了「字」。「文者，物象之本也」說明「文」是具有象徵意義的圖畫符號，漢字從象形變爲象徵，從圖形變爲筆畫，從複雜變爲簡單，「文」已經不同於原來的圖象，而成爲圖象中最本質的部分。「字者，言孳乳而浸多也」，漢字不僅僅是「依類象形」的單體，它還能通過「形聲相益」的手段不斷地滋生增多。從單體的語言單位按照規則滋生爲複體，正是人類語言的特點之一。〔註60〕

從上面今人和古人對漢語的論述可知，漢語是以詞組爲本位的，詞組和詞彙系統關係密切。漢語言文字的起源發展與人們對天、地、人的觀察和體驗密不可分，從漢語言文字由簡到繁不斷增多表明，漢語是一種極具創造力的語言。我們今天所使用的用漢語表達的思想觀念都和漢語本身的特點有關，從某種意義上說，漢語言的整體是一個龐大的思想觀念儲存庫，它不斷

〔註59〕《說文解字前序》參見許國璋：《許國璋論語言》北京：外語教育與研究出版社 1991 年，頁 65～75。

〔註60〕參見許國璋：《許國璋論語言》北京：外語教育與研究出版社 1991 年，頁 65～75。

地容納吸收著各種思想觀念。

另一方面，漢語的特點對道家思想產生了很大的影響。

首先，漢語詞類多功能的現象對道家思想產生了非常大的影響，而且，由於漢語詞類在句中沒有形式上的變化，確定漢語句子的最終標準只能是停頓和句調，這導致《老子》等書的斷句成爲人們長期爭論的問題。這些特點也造成了《老子》文本的複雜性和多義性。以《老子》第一章爲例，「道可道，非常道；名可名，非常名。」「道」和「名」就是典型的多功能詞，分別在句中出現三次，在不同的語境中，它們可以作名詞、動詞並且具有不同的意義。其具體含義需要對第一章全文甚至老子的整個思想有一定瞭解之後才能確定。錢鍾書對這句話的解釋比較全面，他說：

> 「道可道，非常道」；第一、三兩「道」字爲道理之「道」，第二「道」字爲道白之「道」……首以道理之「道」，雙關而起道白之「道」，繼轉而以「名」釋道白之「道」，道理之見於道白者，即「名」也，遂以「有名」、「無名」雙承之。由道白之「道」引入「名」，如波之折，由「名」分爲「有名」、「無名」，如雲之展，而始終貫注者，道理之「道」。兩「道」字所指各別，道理與語文判作兩事，故一彼一此，是非異同。〔註61〕

《老子》書文約而意豐，言有盡而意無窮，它沒有對「道」作確定的描述，而是引導人們不斷地認識「道」，無限地接近「道」，人類的認識在這不斷地實踐與學習的過程中得到深化。

其次，漢語言的起源發展與人們對天、地、人的觀察和體驗密切相關，道家思想也受到這種傾向的影響。從《周易》開始，中國人就發展了天地人三才相參的思維方式。《周易》通過觀象設卦對世界進行象徵性、符號化的哲學思考。由《周易》奠基的這種「觀物取象」、「象以盡意」的「象思維」具有動態整體性和非實體性的特點，表現爲創生性、非現成性和非對象性，是中國傳統思維最基本的特徵。〔註62〕老子的思想使用的語言正是運用象思維進行思考的語言，它從有限無限對立統一的動態關係網中獲得意義，揭示相互依存的事物之間周而復始的複雜運動。世界作爲整體不是通過定義、概念或者某種抽象實

〔註61〕錢鍾書：《管錐編》（第一冊）北京：中華書局 1979 年，頁 408～409。
〔註62〕參見王樹人：《中國的「象思維」及其原創性問題》載《學術月刊》2006 年第 1 期。

體來說明的，而是通過事物之間的運動過程來說明的。事物作爲整體的一部分，其運行狀態和運動趨勢與整體是一致的。有限的事物是無限中運動的一環，是整體展現給我們的一面，人們的行爲也是在這個整體中進行的，因此不是隨意的，而應與其它事物和有機整體的運行保持一致。「所謂『人法地，地法天，天法道，道法自然』，決不能理解爲人只能法地，不能法天、法道、法自然，而應當理解爲人既需要法地，因地法天，人亦需法天，因天法道，人亦需法道，最終是人法自然。而人法自然，則往往需觀察天如何法道，地如何法天，人又如何法地，來逐步加深，循序漸進，最終爲人法自然。」〔註63〕

再次，道家智慧對語言有著深刻的認識，老子就對語言進行了批判性的反思。老子對語言的思考可以用「正言若反」（《老子》第78章）四個字來概括，亦即揭示「道」的語言聽起來就像遮蔽「道」的語言一樣，正面的話好像其反面一樣。老子意在用這種悖論式的表達消除人們自我意識的過分擴張。老子看到人們總是在欲望的驅使下不斷地巧取豪奪，「禍莫大於不知足，咎莫大於欲得」，（《老子》第46章）人們超出自身的界限，不斷地欲求，不知滿足，這種欲望是有害的。人們在不知滿足的貪求過程中所使用的語言是欲望化了的語言，用這種語言表述的「道」，與「損有餘而補不足」的「天之道」是不相合的，它是「損不足而奉有餘」的「人之道」（《老子》第39章）。另一方面，「正言若反」也有助於解決一些語言引起的紛爭。人們在思考命名某物時，總是傾向於把它作爲一個固定的對象來把握，但由於各人的動機和觀察角度不同，即使對同一事物也可能產生各種各樣不同的觀點。如果每個人都堅持站在自己的角度來確定對象，爭執就不可避免。用這種方式談論「道」，「道」就凝固起來，成爲一個僵化的對象。老子認爲這是危險的，因此，他反對人們在認識過程中的自以爲是，反對人們把自己的觀點固定僵化起來，他引導人們放棄對淺表語言的執著，說道：「絕智棄辯，民利百倍……絕僞棄慮，民復孝慈」〔註64〕。「正言若反」提醒人們在使用語言時，不能離開「道」的根基，老子說：「失道而后德，失德而後仁，失仁而後義，失義而後禮。」（《老子》第38章）〔註65〕這就是說，失去「道」這個根本滋潤的仁

〔註63〕 孫以楷：《老子通論》合肥：安徽大學出版社 2004 年，頁 373～374。

〔註64〕 參見劉笑敢：《老子古今——五種對勘和析評引論》北京：中國社會科學出版社 2006 年，頁 230。

〔註65〕 《韓非子・解老》曰：「道有積而德有功，德者道之功。功有實而實有光，仁者德之光。光有澤而澤有事，義者仁之事也。事有禮而禮有文，禮者義之文

義，會變成假仁假義，假仁假義繁衍滋生，混入語言，攪亂思想，就使人離「道」越來越遠。因此，傾聽「道」的聲音，體會「道」的眞諦，就要「損」去受對象性局限的僵化的知識，做到「無爲」。

總之，老子用「正言若反」提醒人們謹守語言的界限，不要妄越，這個界限就是「自然」。人們在天、地、人的整體中體悟「玄之又玄」的「道」的豐富意義，與天地「交流」的心得就是智慧，是「不言之教，無爲之益」(《老子》第 43 章)，是意義的自然流露，它需要的是整個生命和思想的投入，所以老子說「上士聞道，勤而行之」(《老子》第 41 章)。德國詩人荷爾德林的一句詩說道：「誰沈冥到，那無邊無際的『深』，將熱愛著，這最生動的『生』。」〔註66〕這不正是老子那充滿玄思妙想和生機活力的沉思的寫照嗎？

3. 從認知科學看道家思維的創造性

> 道家，遠慕巢、許，近宗老聃，獨闡道論。雖然老聃被司馬遷稱爲「隱君子也」，「修道德，其學以自隱無名爲務」，而道論——老學的研究，卻流播民間，蔚爲思潮，不僅與儒、墨、名、法等顯學相併立，積極參與了先秦諸子的學術爭鳴；而且，以其理論優勢，漫汗南北，學派紛立，高人輩出，論著最豐。〔註67〕

老子開創的道家學術思想方向對後世產生了巨大的影響，道家巨擘老子、莊子的思想獨創性是爲人們所公認的。我們從老子所處的時代，老子的生活經歷以及老子對古代思想文化遺產的繼承等幾個方面對老子思想的來源進行了討論。爲了更充分地理解以「自然」觀念爲核心的道家思想的特點，下面我們嘗試從認知科學的角度論述道家思想的創造性。

第一，當代認知科學的發展使人們得以更深入地認識人類思想的進程，爲深入研究思想史提供了新的和更爲深入的視角。

認知科學(cognitive science)是二十世紀後半葉興起的一門新興的前沿科學，它主要探索人類感知、學習、記憶、思維、意識等人腦心智活動的過程。

也。故曰：失道而後失德，失德而後失仁，失仁而後失義，失義而後失禮。」韓非引《老子》此章較王弼本多出四個「失」字，「道」的根本性意義更加顯豁。又參見高明《帛書老子校注》p5。

〔註66〕參見宗白華：《藝境》北京：北京大學出版社 1999 年，頁 148。

〔註67〕蕭萐父：《道家風骨略論》載《道家文化研究》第二輯，上海上海古籍出版社 1992 年，頁 1。

其主要目的就是要去解釋人們是怎樣完成各種各樣的思維活動的。它不僅要對各種問題求解和學習過程進行描述，還要說明心智是怎樣去執行這些操作的。現代認知科學是一門交叉性和綜合性極強的學科，它以六個支撐學科爲基礎，它們是：哲學、心理學、語言學、人類學、計算機科學、神經科學，這六大支撐學科對人類認知的研究首先分別形成認知科學的六個核心分支學科：（1）認知哲學（cognitive philosophy）也稱心智哲學，從人類心智過程來研究認知，主要包括意識、思維、認識、推理和邏輯等方面的研究；（2）認知心理學（cognitive psychology）是認知科學的重要分支學科，它利用試驗、心理生物技術、個案研究、計算機模擬和人工智慧等方法探索認知的生物基礎、注意、意識、心理意象、語言、問題解決、創造性、人類認知的發展等；（3）認知語言學（cognitive linguistics）是認知科學的重要基礎學科，關注人的認知能力和語言能力之間的密切關係。它經歷了喬姆斯基唯理主義和心理主義的第一代認知語言學，目前發展到以萊考夫爲代表的經驗主義的第二代認知語言學，認知語言學的發展正在改變認知科學的語言學基礎；（4）認知人類學（cognitive anthropology）主要從文化和進化方面來研究不同文化對人類認知的影響；（5）認知計算機科學（cognitive computation）即人工智能，是認知科學最有成就同時也面臨諸多新挑戰的領域。人工智能需要向人類智慧學習，並重新理解人類智慧；（6）認知神經學（cognitive neuroscience）利用現代科學技術如腦斷層掃描技術、核磁共振、功能性磁共振成像等對大腦認知的生理功能進行研究，提出了一系列嶄新的認知科學理論。

另外，這六大支撐學科互相交叉又產生出許多新興的分支學科，例如：控制論、神經語言學、神經心理學、認知過程仿真、計算語言學、心理語言學、心理哲學、語言哲學、人類學語言學、認知人類學、腦進化等等。上述六大支撐學科、六個核心分支學科和十一個交叉分支學科構成了認知科學的學科體系。

認知科學的發展受到國際科學界的高度重視，人類前沿科學的 12 大焦點問題中有 4 個屬於認知科學領域，它們是：知覺和認知、運動和行爲、記憶和學習、語言和思考。近年來，美國和歐盟分別推出「腦的十年計劃」和「歐盟腦的十年計劃」。日本也推出了「腦科學時代計劃」，重點研究人類認知和智力活動。我國在認知科學和智慧信息處理方面的整體研究實力也正在迅速提升，並具有一定的世界影響。我國的認知科學界建立了廣泛的國際交流與

合作。2001 年，我國正式成爲「人類腦計劃」的會員國之一。同年在北京召開了第三界國際認知科學大會。〔註68〕

思想史是理論化的人類社會思想意識的發展史，它與社會史有密切關係，不僅研究社會思潮和思想體系產生的社會歷史原因，而且探討各種思想學派及其代表人物的思想，關注思想源流的演變，它研究各個思想學派的興衰變化、學派之間的相互辯論與承襲融合。〔註69〕思想史的主要興趣在於探索人類社會與思想的交互影響，說明人類理論思維發展的複雜過程。思想史同時也是一門綜合性極強的學科，它綜合了哲學思想、邏輯思想、社會思想的成果，具有鮮明的跨學科性和交叉性，哲學、歷史、文學、社會學、人類學、心理學以及自然科學的相關學科，與人類思想觀念及其理論思維發展有關的所有研究成果都能爲思想史研究提供豐富的營養，思想史不是呆板的人類思想陳迹的摹寫，而是具有極強的開放性與整合性的交叉學科。

思想觀念或概念是具有理論形態的人類思想最基本的組成部分，人們把自身對世界與人生的理解凝聚到思想觀念之上，通過這些觀念與其它觀念相互連接，形成各具特色、豐富多彩的思想系統。關注這些鮮活的思想觀念產生和變化的過程，闡發思想觀念所蘊含的意義，是思想史研究的重要方面。具有獨創性的思想家提出的思想觀念是人類思維發展最集中的體現。歷史上那些不懈探索世界與人生的傑出思想家們繼承相應的思想文化傳統，並且有著強烈的批判精神，他們不斷地認識自我，反思歷史和現實，提出新的思想觀念，與其它觀念展開辯論，激勵人們擺脫思維的惰性，激發人們在富有創造性的激情中實現自我。因此，從某種意義上說，在思想史上留下深刻足迹的大思想家們，爲人類認識自我和實現自我進行了艱難的探索，他們在各自的領域爲人類的思維發展做出了貢獻，這同時也是人類認知發展的過程。

思想史探索思想觀念產生和變化的過程及其深層原因，而認知科學的主要目的是對人類的思維活動進行解釋，二者都深入關注人類思想的發展過程，具有深刻的內在聯繫，必將在人類思想研究的路途上相遇並攜手前行。認知科學作爲新興的綜合學科，有兩個主要目標，其一是探索人類心智的奧

〔註68〕關於認知科學的進展，可參見周昊天、傅小蘭《認知科學——新千年的前沿領域》載《心理科學進展》2005 年第 4 期。蔡曙山《認知科學：世界的和中國的》載《學術界》2007 年第 4 期。史忠植編著：《認知科學》中國科學技術大學出版社 2008 年，頁 1～19。

〔註69〕參見張豈之：《中國思想史·原序》西安：西北大學出版社 2003 年，頁 1。

秘。其二就是以交叉學科的優勢帶動相關學科的發展。哲學、歷史學、文學、數學、物理學、天文學、經濟學、教育學等傳統學科的深入發展都離不開腦與心智的開發，因而與認知科學緊密相關。認知科學對人類思維所做的研究為我們深入考察思想觀念的產生和變化提供了新的視角，它涉及注意、意識、記憶、知覺、語言、問題解決、創造性、決策、推理等人類思維的各個層面，為思想史提供了廣闊的視野。使得我們可以更深入地對哲學思想、邏輯思想、社會思想進行綜合研究，瞭解人類思維辯證發展的過程。

第二，從認知科學對人類思維的研究來看老子思想的創造性。老子「出乎史，入乎道」，經過長期學習和努力思考，熟悉他的前輩和同時代人的思想，身為史官和隱者，他有著豐富的生活閱歷和深刻的生命體驗，對自身所處時代的重大問題保持敏銳的洞察力，並能以此為基礎創造出新思想和新觀念。

（1）人類思維的主要形態。思維是人與世界互動的複雜過程的有機組成部分之一，是人類認識自我和實現自我的主要依據，它標誌著存在、精神、自我的深度。人類思維的主要形態有感知思維、形象（直感）思維、抽象（邏輯）思維和直覺（頓悟）思維。首先，感知思維是初級的思維形態，是人們在實踐的過程中，通過眼、耳、鼻、舌、身等感官獲得的對事物的初步認識。其次，形象思維是憑藉頭腦中儲有的表象進行的思維，它具有形象性、概括性、創造性和運動性，愛因斯坦描述他的思維過程：「我思考問題時，不是用語言進行思考，而是用活動的跳躍的形象進行思考，當這種思考完成以後，我要花很大力氣把它們轉換成語言。」〔註70〕這是典型的形象思維。再次，抽象（邏輯）思維是運用概念、判斷、推理等進行的思維。邏輯學研究推理的方法和原理，為正確進行推理制定許多客觀標準，據此檢驗論證，把好的論證和壞的論證區別開來，正確的推理是人類知識最堅實的基礎。但是，抽象思維只是思維的一種形態，人類思想本身比抽象思維更為豐富和複雜，「在人類生活中，有些事情並不能完全用邏輯方法加以分析，有些問題並不能用論證（即使是良好的論證）來解決。有時求助於情感比邏輯論證更有效力，在某些語境中或許也更為適當。」〔註71〕最後，直覺（頓悟）思維是人們借

〔註70〕轉引自史忠植編：《認知科學》合肥：中國科學技術大學出版社 2008 年，頁367。

〔註71〕（美）歐文・M・柯匹，卡爾・科恩著《邏輯學導論》張建軍、潘天群等譯，中國人民大學出版社 2007 年，頁 6。

助直覺啓示猝然迸發的一種領悟或理解，它是經過長時間的思索，問題沒有得到解決，但在某一時刻突然受到啓發，從而創造性地解決問題的思維方式。它具有突發性、偶然性、獨創性和模糊性的特點。〔註72〕老子「道法自然」的思維方式在很大程度上具有直覺思維的特點，對中國古代思想有著深遠的影響，「莊周之著書，李白之歌詩，放蕩縱恣，惟其所欲，而無不如意。彼其學而爲之哉？其心默會乎神，故無所用其智巧，而舉天下之智巧莫能加焉。使二子者有意而爲之，則不能皆如其意，而於智巧也狹矣。」〔註73〕

　　（2）老子的思維及其所要解決的問題。人類的思維活動是多樣的、複雜的、深刻的、整全的，它不是簡單的、表面的、膚淺的、分裂的，也不是單純的理性主義、機械論、原子論、還原論等二元論模式所能窮盡的。思維的創造性過程更爲複雜，但這個過程不是刻意設計出來的，它需要適當的起始條件，需要一些偶然的因素和選擇的機制。偉大的思想家在生活中從本源上去觀察現實，把所有分散的、短暫的和零碎的東西結合成一個統一體，在思維活動中通過反思參與現實，將在此過程中得到的新觀念運用到實踐中，從而獲得具有創造性的生命。老子是一位具有原創性的偉大思想家，老子所處的時代也是人類思想的超越性和創造性出現質的飛躍的時代。這個時期，人類的思維成熟到一定的階段，開始了「認識自我」，對人本身進行思考的漫漫征程（雅斯貝爾斯所謂的軸心時代，在公元前800年至公元前200年之間）：

> 中華高度文明起源春秋戰國時期。這個時期正是人類發現了自
> 我，運用高度抽象思維，走向高度文明的時期。西方的古希臘文化，
> 出現了蘇格拉底、柏拉圖、亞里士多德；古印度次大陸出現了釋迦
> 牟尼，創立了佛教；中國出現了老子和孔子。〔註74〕

老子思想的創造性表現在他爲解決時代、人生的難題而進行的思維過程中，從某種意義上說，老子的思想深刻影響了先秦道家的思想內涵、提問方式、思維方式、方法論和語言風格。如上所論，老子時代面臨的主要歷史問題就是應否清算或如何清算西周遺制，在政治權威、道德權威、宗教權威沒落之後人們怎樣面對現實世界。在思想觀念方面，這個基本問題就是，隨著氏族

〔註72〕關於人類思維形態的討論參見史忠植編：《認知科學》合肥：中國科學技術大學出版社2008年，頁350～376。

〔註73〕方孝孺：《蘇太史文集序》見《遜志齋集》卷12，四部備要本。

〔註74〕任繼愈：《老子繹讀》北京：北京圖書館出版社2006年，頁12。

貴族宗教思想的瓦解，怎樣通過反思和批判建立新的思想系統。

> 如果人們囿於傳統觀念，認為「天」是祖先神或上帝，對它只有頂禮膜拜、絕對服從，那麼只能產生宗教意識，這還不是理性的哲學思維。當先哲們用陰陽、五行觀念來解釋世界的時候，歷史上便迸發出最初的理性之光。到春秋戰國時期，理性之光已經照遍思想意識的各個領域，形成中國哲學最早的輝煌時代。〔註75〕

具體而言，老子的思想開始擺脫祖先神和上帝的傳統宗教意識，其思維的過程是「上下求索」，深入探討「天道」（泛指天地萬物運行變化的道理）與「人道」（泛指人類社會和人自身的道理）關係的過程，其思想要解答的基本問題是「天道」和「人道」的關係問題。

（3）老子思維發散性與聚合性的特點。老子「上下求索」的思維過程運用了感知思維、形象思維、抽象思維、直覺思維等人類思維的主要形態，具有發散性與聚合性的特點。這些都是創造性思維的鮮明特徵。

從發散性方面來看：

首先，老子在一定的時期內連續提出了相當數量的觀念和設想，各種思維形態在其中得到整合，充分表現了老子思想的流暢性。如：「道」、「玄德」、「有」、「無」、「常」、「自然」、「無為」、「無欲」、「無名」、「大」、「逝」、「遠」、「反」、「柔弱」、「素樸」、「損」、「益」、「大象無形」、「道隱無名」、「絕聖棄智」、「絕學無憂」、「治大國若烹小鮮」、「小國寡民」等一系列新的觀念和設想源源不絕，完全不同於殷周以來的宗教禮制觀念。

其次，老子善於從不同角度和不同方向思考和闡釋問題，這是老子思想的靈活性。「道可道，非常道；名可名，非常名。無名，萬物之始；有名，萬物之母。故常有欲，以觀其妙；常無欲，以觀其徼。此兩者同出而異名，同謂之玄。玄之又玄，眾妙之門。」（《老子》第1章）開宗明義，表達了對「道」、萬物、語言以及人的認識的複雜性和循環性的深入理解，其思想直探存在的最底層。「反者道之動，弱者道之用。天下萬物生於有，有生於無。」（《老子》第40章）這一章從「反」和「弱」的角度提出事物對立統一，不斷轉化的辯證思想。「聖人無常心，以百姓心為心……聖人在天下，歙歙焉，為天下渾其心，百姓皆注其耳目，聖人皆孩之。」（《老子》第49章）在老子心目中，聖人的思想和行動是靈活的、不固執的，隨著環境的變化而變化，最大限度地

〔註75〕張豈之：《中華人文精神》西安：陝西人民出版社2007，p230。

排除了思維的獨斷性和狹隘性。這就為思維向不同角度和不同方向拓展掃清了障礙。

再次，老子提出了與眾不同的想法和獨具慧眼的解決問題的思路，這是老子思想的原創性。「道法自然」以及與此相關的一系列觀念的提出，是老子思想原創性的最好說明。老子思想以自然之道為核心，採用格言式的論說方式，集合了許多深刻洞見，但同時又沒有凝結成一個刻板的體系，而是保持著思想的張力，能給人以多方面的啟發。自然之道本身獨立於人的意志，不斷地運行和變化，「獨立而不改，周行而不殆」，它「玄之又玄」、「惟恍惟惚」，具有玄奧性、模糊性的特點。它把人從單一的有限的思維牢籠中拯救出來，指引人們走向具有無限可能的廣闊天地。因為自然之道處在比人優越的地位，人們不能一勞永逸地掌握自然之道，只能順應它，所以老子說：「我有三寶，持而保之。一曰慈，二曰儉，三曰不敢為天下先。」（《老子》第 67 章）「上士聞道，勤而行之。」（《老子》第 41 章）「聖人去甚、去奢、去泰。」（《老子》第 29 章）

最後，老子善於想像、描述事件和思想觀念的具體細節，這是老子思想的精緻性，而且這種精緻性是優雅而深沉的。「谷神不死，是謂玄牝。玄牝之門，是謂天地根。綿綿若存，用之不勤。」（《老子》第 6 章）生動地描寫了道生萬物，若顯若隱，永不絕盡的狀態。「上善若水，水善利萬物而不爭，處眾人之所惡，故幾於道。居善地，心善淵，與善仁，言善信，政善治，事善能，動善時，夫唯不爭，故無尤。」（第 8 章）用水來比喻上德者的人格，說明為人之道，親切易懂，優美生動。「三十輻，共一轂，當其無，有車之用；埏埴以為器，當其無，有器之用；鑿戶牖以為室，當其無，有室之用。故有之以為利，無之以為用。」（《老子》第 11 章）從日常生活現象出發，闡述有無統一的道論，形象地表達深刻的思想。《老子》書中還有很多類似的文字能夠充分說明老子思想的精緻性。

以流暢性、靈活性、原創性、精緻性為標誌的發散思維是創造性思維的主要特徵，〔註76〕所有這些在《老子》書中都有淋漓盡致的表現。

從聚合性方面來看，老子把發散性思維產生出來的大量可能性進行有效的整合，把思想聚焦在對「天道」、「人道」關係的探討上。《老子》書中，天地是萬物之首，覆載萬物，所以老子常將天地、萬物相提並論。老子通過感

<hr>

〔註76〕史忠植編：《認知科學》合肥：中國科學技術大學出版社 2008 年，頁 375。

知思維、形象思維、抽象思維和直覺思維，以越來越高的概括性揭示現實生活中的現象，以及不同現象之間的相似性。這些相似性將萬物結合成一個相互關聯的網絡。

> 天地之間，其猶橐籥乎？虛而不屈，動而愈出，多言數窮，不如守中。（《老子》第 5 章）

> 天長地久，天地所以能長且久者，以其不自生，故能長生。（《老子》第 7 章）

> 飄風不終朝，驟雨不終日。孰爲此者？天地。（第 23 章）

> 天地相合，以降甘露，民莫之令而自均。（第 32 章）

以上這幾章寫老子觀察到的與天地有關的現象，這些現象和日常生活中的事物具有關聯性，老子將其一一揭示出來。

> 無名，天地之始；有名，萬物之母。故常無欲以觀其妙，常有欲以觀其徼。（《老子》第 1 章）

> 谷神不死，是謂玄牝。玄牝之門，是謂天地根。綿綿若存，用之不勤。（《老子》第 6 章）

> 其上不皦，其下不昧，繩繩分不可名，復歸於無物，是謂無狀之狀，無物之象，是謂惚恍。（《老子》第 14 章）

> 反者道之動，弱者道之用。天下萬物生於有，有生於無。（《老子》第 40 章）

在這幾章中，老子觀察天地的運動，努力探索天地萬物的根本，通過有無統一的辯證關係揭示出現實世界是「玄之又玄」的，生生不息的，自發的，混沌的世界，人類的思維和語言也是通過有欲之觀和無欲之觀、有名和無名的循環性、批判性不斷深入的。

最能體現老子思維聚合性特徵的是第 25 章：

> 有物混成，先天地生。寂兮寥兮，獨立而不改，周行而不殆，可以爲天地母。吾不知其名，字之曰道，強爲之名曰大。大曰逝，逝曰遠，遠曰反。故道大，天大，地大，人亦大。域中有四大，而人居其一焉。人法地，地法天，天法道，道法自然。

這一章描述了「混然不可得而知，而萬物由之以成」（王弼注）的混沌的生成的「道」，它說明道是無限無形的、不斷運動的、統一的整體，是人們生活的

現實世界。「『人法地，地法天，天法道，道法自然。』表達的是地天統一、天道統一以及天地人統一於道，統一於自然的理念。」〔註77〕老子連用四個「法」字說明，現實世界中的任何事物和事件，只有在趨向於保持人、地、天、道的完整與美好的過程中才能實現自身的價值：

> 人不違地，乃得全安，法地也。地不違天，乃得全載，法天也。
> 天不違道，乃得全覆，法道也。道不違自然，乃得其性。法自然者，
> 在方而法方，在圓而法圓，於自然無所違也。自然者，無稱之言，
> 窮極之辭也。（王弼《老子》注）

世界包含著無盡的奧妙，無限的可能，其中沒有主宰以及任何刻意的設計安排，但卻能和諧完美地運行，這讓老子深深地著迷，老子用「自然」一詞最集中地表述了世界的完整性、統一性、無限性以及人可能具有的超越性。老子最終用「自然」觀念回答了「天道」與「人道」關係這一重要問題。因此，老子甚至整個先秦道家的中心思想可一言以蔽之曰：「道法自然」，自然之學是道家對人類思想最重要的貢獻。

（4）老子創造性的思維過程還有四個重要方面：

首先，老子能夠在思維過程中擺脫心理定勢，不墨守成規，深入思考所面臨的問題。「心理定勢（mental set）是一種思維的框架，是指用於表徵一個問題、問題情境或者問題解決程序的已有模型……一旦問題解決者帶有某種預設的心理定勢，他們將固著於某一種策略，這種策略在通常情況下可以解決許多問題，但是對解決當前這個特定問題效果不好。」〔註78〕老子思想在自然之道的指引下具有充分的靈活性，不固著於某種已有的模式。老子講「絕聖棄智」、「絕仁棄義」、「絕巧棄利」（《老子》第19章）「絕學無憂」（《老子》第20章）「智者不博，博者不知」（《老子》第81章）提醒人們從淺層的思維中超脫出來，用批判的眼光審視現實，直達萬物的根本。真正的智者與眾人保持一定的距離，不冒然接受未經深思的觀念，不妄自作為：

> 眾人熙熙，如享太牢，如春登臺。我獨泊兮其未兆，如嬰兒之
> 未孩。儽儽兮若無所歸。眾人皆有餘，而我獨若遺。我愚人之心也
> 哉。沌沌兮。俗人昭昭，我獨昏昏。俗人察察，我獨悶悶。（《老子》

〔註77〕孫以楷：《老子通論》合肥：安徽大學出版社2004年，頁374。
〔註78〕（美）Robert J.Sternberg 著：《認知心理學》楊炳鈞、陳燕、鄒枝玲譯，中國輕工業出版社2006年，頁303。

第 20 章）

這是因為老子深知「不言之教，無為之益」（《老子》第 43 章）。這與他深諳歷史，多識前言往行，能夠汲取歷史的經驗教訓有關。

其次，老子思想排除獨斷論，是批判的、謹慎的反思。從思維的起點開始，老子在整個過程中都在不斷地檢查，不斷地評估自己的思想，在「天道」、「人道」的問題中不斷深入。「為學日益，為道日損，損之又損，以至於無為，無為而無不為。」（《老子》第 48 章）「損之又損」表現了老子思想批判反思的精神。「為者敗之，執者失之」，「慎終如始，則無敗事」，「聖人欲不欲，不貴難得之貨；學不學，復眾人之所過，以輔萬物之自然而不敢為」（《老子》第 64 章）這幾章提醒人們做事應順自然而為，紮紮實實，以防止和消除事物向壞的方面發展，說明老子對事物變化過程具有非凡的洞察能力。

第三，老子思考問題有明顯的醞釀階段，這為思維的深入提供了可能。醞釀就是在問題的起初階段投入足夠的時間，考察問題的各個方面，詳細研究解決問題的可能途徑，然後留出一定的時間，暫時把問題擱置一旁，使問題在潛意識裏得到加工。〔註 79〕「致虛極，守靜篤，萬物並作，吾以觀復。夫物芸芸，各復歸其根。歸根曰靜，靜曰覆命；覆命曰常，知常曰明；不知常，妄作凶。」（《老子》第 16 章）這一章強調了一個「觀」字，說明對「道」的明察體悟需要靜觀深思，這個過程就是積極的醞釀。急功近利、馬不停蹄一往直前的人忘記了駐足回首，容易錯過自然之道反覆變化的具體細節，迷失在事物紛紛擾擾的幻變之中，看不到萬物的根本。

見素抱樸，少私寡欲。（《老子》第 19 章）

塞其兌，閉其門，終身不勤；開其兌，濟其事，終身不救。（《老子》第 52 章）

載營魄抱一，能無離乎。（《老子》第 10 章）

這幾章說明老子強調一個充滿可能性的醞釀過程，在這個過程中人們可以有充足的時間，以豐富的想像對周圍事物做出創造性的回應。

第四，從認知發展的過程來看，老子「出乎史，入乎道」，隨著年齡的增長，思想逐漸成熟，成為一個充滿智慧的人。認知心理學指出智慧是：

對人類發展和人生事件的非常洞見，包括對人生困難問題的非

〔註79〕參見（美）Robert J.Sternberg 著：《認知心理學》楊炳鈞、陳燕、鄒枝玲譯，中國輕工業出版社 2006 年，頁 308。

常好的判斷、忠告和解說……人類智慧概念的六個因素：推理能力、
睿智（機靈）、從思想和環境中學習、判斷、對信息的迅速使用以及
敏銳（熱切渴望於洞察、知覺和頓悟）。〔註80〕

智慧的這些特徵，在老子身上都有充分體現，他提出的一系列觀念，對
事物的深刻洞察，對所處時代及其歷史的批判性反思，以及「道法自然」的
觀念無一不顯示出智慧的光輝。所以孔子才會對老子的智慧充滿讚歎，「孔子
見老聃歸，三日不談，弟子問曰：『夫子見老聃，亦將何規哉？』孔子曰：『吾
乃今於是乎見龍。龍合而成體，散而成章，乘雲氣而養乎陰陽，予口張而不
能嚼。予又何規老聃哉！』」（《莊子·天運》）

綜上所述，從認知科學的角度來看，以老子為代表的先秦道家思想是具
有原創性的思想，這充分體現在老子的思維過程中。老子思維過程整合了感
知思維、形象思維、抽象思維、直覺思維等人類思維的主要形態，在解決「天
道」和「人道」關係的問題中，具有發散性與聚合性的突出特點。而且能夠
擺脫心理定勢，排除獨斷論，表現出獨創性和批判性，同時老子的思想有明
顯的醞釀階段，充滿了智慧。「自然」觀念的提出是老子創造性思想最集中的
體現，在老子思維過程中佔有顯要的地位，它將老子甚至整個先秦道家思想
引向深入。

小 結

本章探討先秦道家自然觀念的產生，老子是道家思想方向的開山闢路
人，他第一個提出了自然觀念，因此本章的討論以老子思想為重點。

第一節討論老子所處的時代及其思想的來源。老子是精通禮的東周王朝
史官，《老子》書側重於對歷史經驗教訓的理論思索。老子繼承史官文化，並
在此基礎上提出「玄之又玄」的道論，超越了史官文化。老子通過闡釋「道
法自然」的意義，建立了一種新的思想範式，引導人們深思在周禮束縛下產
生的種種難題以及人類生存的真實處境。老子思想的來源是古之道術，老子
從理論高度繼承和發展了古代文化遺產。

第二節討論道家思想的創造性與「自然」觀念的產生。「自然」觀念的產
生與春秋戰國之際的社會環境、老子的生活方式以及當時的科學技術發展水

〔註80〕 （美）Robert J.Sternberg 著：《認知心理學》楊炳鈞、陳燕、鄒枝玲譯，中國
輕工業出版社 2006 年，頁 386。

平有密切的關係。在道家思想具有原創性的思維過程中，以老子、莊子為代表的道家用深刻的語言表達了富有活力的思想，同時對語言本身進行了反思，揭露並批判語言的遮蔽性、僵化性、非整體性和悖論性的方面，發展出一套人與自然深入交流的、鮮活的、開放的、充滿生命力的話語體系，「自然」觀念正是在這一話語體系中產生的。當代認知科學的發展為思想史研究提供了新的和更為深入的視角，因此，我們又進一步從認知科學的角度來考察「自然」觀念產生的具體過程。「自然」觀念是老子思想創造力的集中體現，以老子為代表的先秦道家思想是極具原創性的，老子思維過程整合了現象學思維、形象思維、抽象思維、直覺思維等人類思維的主要形態，在解決「天道」和「人道」關係的問題中，具有發散性與聚合性的突出特點。老子思想排除獨斷論，表現出獨創性和批判性。同時老子的思想有明顯的醞釀階段，充滿了智慧。「自然」觀念的提出是老子創造性思想最集中的體現，在老子思維過程中佔有核心地位，它將老子甚至整個先秦道家思想引向深入。

第三章　老子「自然」觀念解析

　　「自然」觀念是老子思想的核心觀念，「自然」觀念的提出是老子思想創造性的集中體現。我們在第二章分析了先秦道家「自然」觀念的產生，本章將對「自然」觀念的意義進行闡發，解釋「自然」觀念是什麼，為什麼「自然」觀念顯得如此重要，以及如何探討「自然」觀念，從而說明「自然」觀念在中國思想史研究中具有特別重要的意義。我們當然可以從不同的角度和層面對道家思想進行研究，但是從最基礎最根本的意義上來說，「自然」觀念是道家思想的核心所在，對道家思想的深入探討無論如何都繞不開這個核心觀念。

　　本章將對老子的「自然」觀念進行解析。首先列舉前人對自然觀念的傳統解釋，然後引入認知語言學和認知隱喻學，並嘗試從這個角度對老子自然觀念做出新的解釋，最後以這種新的解釋為基礎對老子思想進行討論。總之，本章的主要任務就是考察面對「天道」與「人道」的關係這一思想難題，老子如何提出「人法地，地法天，天法道，道法自然」的思想綱領對此予以解答。老子繼承古代效法天道、親近自然的文化遺產，力圖以自然觀念為基礎思考和體悟天地萬物的根本，面對現實生活的世界，而不再乞靈於宗教性的上帝，這使西周末年以來懷疑和否定天、帝的思想路線達到了頂峰。

第一節　「自然」觀念的傳統解釋以及認知語言學的
　　　　　方法論意義

1. 對老子「自然」觀念的傳統解釋

《老子》書中，「自然」一詞總共出現五次，以通行的王弼本為準，「自然」依次出現在下列五章中：

> 太上，下知有之。其次，親而譽之。其次，畏之。其次，侮之。信不足，焉有不信焉。悠兮其貴言。功成事遂，百省姓皆謂我自然。（第十七章）

> 希言自然。飄風不終朝，暴雨不終日。孰為此者？天地。天地尚不能久，而況於人乎？故從事於道者，道者同於道，德者同於德，失者同於失。同於道者，道亦樂得之；同於德者，德亦樂得之；同於失者，失亦樂得之。信不足，焉有不信焉。（第二十三章）

> 有物混成，先天地生，寂兮寥兮，獨立而不改，周行而不殆，可以為天下母。吾不知其名，字之曰道，強為之名曰大。大曰逝，逝曰遠，遠曰反。故道大，天大，地大，王亦大。域中有四大，而王居一焉。人法地，地法天，天法道，道法自然。（第二十五章）

> 道生之，德畜之，物形之，勢成之。是以萬物莫不尊道而貴德。道之尊，德之貴，夫莫之命而常自然。故道生之，德畜之，長之、育之、亭之、毒之，養之、覆之。生而不有也，為而不恃也，長而不宰，是謂玄德。（第五十一章）

> 其安易持。其未兆易謀。其脆易泮，其微易散。為之於其未有，治之於其未亂。合抱之木，生於毫末；九層之臺，作於累土；千里之行，始於足下。為者敗之，執者失之。是以聖人無為，故無敗；無執，故無失。民之從事也，常於幾成而敗之。慎終如始，則無敗事。是以聖人欲不欲，不貴難得之貨；學不學，復眾人之所過；以輔萬物之自然，而不敢為。（第六十四章）

老子直面現實世界，反對西周以來宗教性的天道觀，為解決「天道」、「人道」這一根本問題，對道本身進行探索，不斷超越，提出「人法地，地法天，天法道，道法自然」這一思想綱領，把中國古代思想引向深入。從古到今，人們從不同的角度出發對《老子》書中的「自然」觀念進行解釋，這些解釋是我們進一步探討「自然」的意義的基礎，下面我們有選擇地簡單評述古今學者對「自然」觀念的解釋。

嚴遵《道德眞經指歸》開卷即說：

> 昔者老子之作《道德經》也，原本形氣，以至神明。性命所使，
> 情意所萌，進退感應，呼吸屈伸，參以天地，稽以陰陽，變化終始，
> 人物所安，窮微極妙，以睹自然。〔註1〕

作爲相互關聯的整體，人的身體、生命、本能、理智、情感、意志等等是在天地陰陽的變化中產生和運行的，而且整個過程是微妙的。「以睹自然」的「睹」，就是人們對天地萬物「自然」的創造性過程的明察和自覺，這同時也是一個人自身不斷覺悟的過程。在「道生章」（王弼本第五十一章）嚴遵對「自然」做了內在性的說明：

> 聖知之術，不自天下，不自地出，內在於身，外在於物，督以
> 自然，無所不通，因循效象，無所不竭。故道虛德無，不失其心，
> 天尊地卑，不違其節。〔註2〕

萬事萬物出生、成長、變化都有自身的軌跡，它們以自身爲原因，一切活動必然地由其本性所引發，沒有外在的東西來決定事物本身的變化。所以嚴遵又說：「道高德大，深不可言，物不能富，爵不能尊，無爲爲物，無以物爲，非有所迫而性常自然。」谷神子注曰：「無爲自爲於物，不爲物而故爲，理數必自如然，非有物使之然。」〔註3〕從這種「自然」觀念出發，可以說明天地萬物從根本上排斥外在的、超越的事物或精神的決定，天地萬物的運動是內在的、自發的。

河上公對「自然」的解釋受到嚴遵的影響，很注重「自然」觀念的內在性和過程性特徵。他指出老子探討的道是「自然長生之道」，不是受任何外在規定和限制的道。自然之道無形混沌，通行天地，極其廣大，能包容並生長萬物。河上公認爲「自然」是道的本性，他注解「人法地，地法天，天法道，道法自然」時說：

> 人當法地，安靜和柔也。種之得五穀，掘之得甘泉，勞而不怨，
> 有功而不置。天湛泊不動，施之不求報，生長萬物，無所收取也。

〔註1〕張繼禹主編：《中華道藏》第九冊《道德眞經指歸》北京：華夏出版社 2004
　　　年，頁 54。

〔註2〕張繼禹主編：《中華道藏》第九冊《道德眞經指歸》北京：華夏出版社 2004
　　　年，頁 76。

〔註3〕張繼禹主編：《中華道藏》第九冊《道德眞經指歸》北京：華夏出版社 2004
　　　年，頁 77。

> 道法清淨不言，陰行精氣，萬物自然生長。道性自然，無所法也。
> 〔註4〕

河上公將「道法自然」解釋爲「道性自然」，說明道的本性就是自然地生長變化，道居於現實世界和人類精神之中，是不可割裂的整體，它不是脫離經驗世界的純粹思辨的領域，「自然」是道的內在本性，沒有也不可能在「道」之外有一個純粹的「自然」。河上公強調：「道性自然，無所法也」，提醒人們不要把「自然」縮小爲一個簡單的物體或純粹的概念，換句話說，「自然」不是一個可以效法的現成的對象或規則。

王弼對老子的注解，以崇本息末、守母存子爲基礎，強調本、根的重要性，

> 夫物之所以生，功之所以成，必生乎無形，由乎無名。無形無名者，萬物之宗也。〔註5〕

「道」是「無形無名」的，人們對「道」不斷探索和體會，達到極致，就能解除疑惑，明白道的本性是自然而然的。

> 《老子》之文，欲辯而詰者，則失其旨也；欲名而責者，則違其義也。故其大歸也，論太始之原以明自然之性，演幽冥之極以定惑罔之迷。因而不爲，損而不施；崇本以息末，守母以存子；賤夫巧術，爲在未有；無責於人，必求諸己；此其大要也。〔註6〕

王弼注《老子》第二十五章：「人法地，地法天，天法道，道法自然」說：

> 法，謂法則也。人不違地，乃得全安，法地也。地不違天，乃得全載，法天也。天不違道，乃得全覆，法道也。道不違自然，乃得其性，法自然也。法自然者，在方而法方，在圓而法圓，於自然無所違也。自然者，無稱之言，窮極之辭也。用智不及無知，而形魄不及精象，精象不及無形，有儀不及無儀，故轉相法也。道順自然，天故資焉。天法於道，地故則焉。地法於天，人故象焉。王所以爲主，其主之者一也。〔註7〕

王弼認爲，「自然」是「無稱之言，窮極之辭」，是人、地、天、道的統一性

〔註4〕張繼禹主編：《中華道藏》第九冊《道德眞經注》北京：華夏出版社2004年，頁140。

〔註5〕王弼著，樓宇烈校釋：《王弼集校釋》北京：中華書局1980年，頁195。

〔註6〕王弼著，樓宇烈校釋：《王弼集校釋》北京：中華書局1980年，頁196。

〔註7〕王弼著，樓宇烈校釋：《王弼集校釋》北京：中華書局1980年，頁65。

和自發運行的基礎。因為「道順自然」，天、地、人才能不斷地創造和流動，保持為一個開放的、自我創造、自我實現的和諧整體。這一整體不是外在的強加的，它就是萬事萬物自然運行的整體。在這個整體面前，人不是萬物的尺度，人們只有拋棄狹隘的先入之見，拋棄自利之心，虛心地、深入地觀察和體悟，才能以開放的心靈如實地接納、歌頌、尊崇並且融入豐富多彩的現實世界。王弼注《老子》第二十三章「故從事於道者，道者同於道」〔註8〕時說道：「道以無形無為成濟萬物，故從事於道者，以無為為居，不言為教，綿綿若存，而物得其真，與道同體，故曰『同於道』。」〔註9〕「無為」、「不言」正是「從事於道者」對作為整體的自然之道有了自覺體認之後發自內心的行為，是在整體之中的行為，不是孤立的妄為。

　　成玄英注疏《老子》，將《老子》書作為一個前後關聯的整體來闡釋，力圖全面地展示老子思想及其內在脈絡。他揭示《老子》的思想主旨：

> 以重玄為宗，無為為體。所謂玄者，深遠之名，亦是不滯之義。
> 言至深至遠，不滯不著，既不滯有，又不滯無。豈唯不滯於滯，亦
> 乃不滯於不滯，百非四句，都無所滯，乃曰重玄。……而言無為者，
> 鏡象蒼生，芻狗萬物，雖復揮斥八極，而神氣無變，故為則無為，
> 無為則為，豈曰拱嘿而成無為哉？〔註10〕

　　所謂「重玄」就是思維、語言的不斷循環和深化；「無為」則是不以個人成見為基準，順從自然之道的創造性行為。老子的思想極為深遠，它具有一種開放的品格，超越非有即無、非此即彼的簡單化思維，以懷疑和批判的精神反思人的意識、思維、語言、行為，由此得出一系列具有創造性的洞見，指引現實生活中的人們不斷地突破和實現自我。成玄英解釋第二十三章「希言自然」說：「希言，猶忘言也。自然者，重玄之極道也。」〔註11〕「道」的至深至遠就是「自然」，「自然」是「道」的本源，是對「道」的深層意義表述，林希逸對「自然」的解釋也承襲了成玄英的觀點，他說：「人則法地，地

〔註8〕此句帛書甲乙本均作：「故從事而道同於道。」王弼注與此契合，通行本經文衍「道者」二字，參《帛書老子校注》p347。

〔註9〕王弼著，樓宇烈校釋：《王弼集校釋》北京：中華書局1980年，頁58。

〔註10〕張繼禹主編：《中華道藏》第九冊《老子道德經開題》北京：華夏出版社2004年，頁231～232。

〔註11〕張繼禹主編：《中華道藏》第九冊《老子道德經義疏》北京：華夏出版社2004年，頁251。

則法天，天則法道，道又法於自然，是自然又大於道與天地也。其義但謂道至於自然而極，如此發揮，可謂奇論。」〔註12〕

由至深至遠的自然之道出發，成玄英還對「自然」做了過程性的解釋，他認爲「人法地，地法天，天法道，道法自然」的主旨是「自淺之深，漸階圓極。」他進一步闡發說：

> 人，王也。必須法地安靜，靜爲行先，定能生惠也……次須法天清虛，覆育無私也。又天有三光，喻人有惠照。地是定門，天是惠門也。既能如天，次須法道虛通，包容萬物也。既能如道，次須法自然之妙理，所謂重玄之域也。道是迹，自然是本，以本收迹，故義言法也。〔註13〕

對「自然之妙理」的體悟是一個由淺入深的過程，世間萬物是共存的，一切都是自然而然的。在這種意義上，聖人不會通過人爲的干預，攪亂自然之道，而是引導人和萬物順其自然，事物會根據其自身而得以實現。成玄英解釋第六十四章「以輔萬物之自然而不敢爲」時說：「一切眾生皆稟自然正性，迷惑妄執，喪道乖眞，聖人欲持學不學之方，引導令其歸本。」〔註14〕他認爲，只要不妄加干預，事物自身就會根據其本性自然而然地展現出來。

由上述對「自然」的解釋可以看出，「自然」觀念在老子思想中處於基礎的、本源的、核心的地位，是老子思想中最具深刻性和思辨性的觀念。「自然」觀念不是單純的理念、法則或「思想體」，它不完全是通過概念、定義、推理建構出來的，它沒有脫離現實世界而獨立存在，它就在人們生活的世界之中。老子以「道法自然」這一根本命題爲基礎，這一命題中的「自然」觀念深刻地說明了「道」的自發性、玄奧性、運動性、過程性、整體性。

「自然」觀念不能通過簡單的定義來表達，它是與「道」的意義的豐富性血肉同體的。唐代吳筠《玄綱論・道篇》曰：

> 通而生之謂之道，道固無名焉；蓄而成之謂之德，德固無稱焉。嘗試論之，天地、人物、仙靈、鬼神，非道無以生，非德無以成。

〔註12〕 張繼禹主編：《中華道藏》第十一冊《道德眞經口義》北京：華夏出版社2004年，頁254。

〔註13〕 張繼禹主編：《中華道藏》第九冊《老子道德經義疏》北京：華夏出版社2004年，頁253。

〔註14〕 張繼禹主編：《中華道藏》第九冊《老子道德經義疏》北京：華夏出版社2004年，頁283。

生者不知其始，成而不見其終。探奧索隱，孰窺其宗？入有之末，
出無之先，莫究其朕，謂之自然。自然者，道之常，天地之綱也。
〔註15〕

可見「自然」是「道」最本源、最深刻的規定性，它出入有無，深奧難識，
是「道之常」。缺乏或違背「自然」的道就不是常道。唐玄宗李隆基解釋「人
法地，地法天，天法道，道法自然」這一老子思想綱領時，就特別指出「自
然」是「道」的本性，而不是「道」之外的任何東西：

人謂王者也，所以云人者，謂人能法天地生成，法道清淨，則
天下歸往，是以爲王。若不然則物無所歸往，故稱人以戒爾。爲王
者當法地安靜，因其安靜，又當法天生化，功被物矣。又當法道清
靜無爲，忘功於物，令物自化。人君能爾，即合道法自然，言道之
爲法自然，非復倣法自然也。若如惑者之難，以道法效於自然，是
則域中有五大，非四大也。又引《西升經》云：虛無生自然，自然
生道，則以道爲虛無之孫，自然之子。妄生先後之義，以定尊卑之
目，塞源拔本，倒置何深？且嘗試論曰：虛無者，妙本之體，體非
有物，故曰虛無。自然者，妙本之性，性非造作，故曰自然。道者，
妙本之功用，所謂強名，無非通生，故謂之道。幻體用名，即謂之
虛無。自然道爾，尋其所以，即一妙本，復何所相倣法乎？則知惑
者之難，不詣夫玄鍵矣。〔註16〕

唐玄宗明白指出虛無、「自然」、「道」並非截然不同，有先後或尊卑可言。
他認爲虛無、「自然」、「道」是三位一體的，它們是妙本的體、性、用，妙本
就是「玄之又玄」的大道。如果把「自然」視爲外在於「道」的某物，那麼
老子就應該說「域中有五大」而非「四大」了。如果說「自然」是從虛無中
產生的，那就不能說「自然」是萬物的根源或根本了。

在現代哲學的意義上對「自然」觀念進行討論始於胡適，他認爲：

老子最大的功勞，在於超出天地萬物之外，別假設一個「道」。
這個道的性質，是無聲、無形；有單獨不變的存在，又周行天地萬
物之中；生於天地萬物之先，又卻是天地萬物的本源……道的作用，

〔註15〕（宋）張君房編，李永晟點校：《雲笈七籤》北京：中華書局2003年，頁11。
〔註16〕張繼禹主編：《中華道藏》第九冊《唐玄宗御製道德眞經疏》北京：華夏出版
社2004年，頁415。

> 並不是有意志的作用，只是一個「自然」。自是自己，然是如此，「自
> 然」就是自己如此……道的作用，只是萬物自己的作用，故說「道
> 常無爲」。但萬物所以能成萬物，又只是一個道，故說「而無不爲」。
> 〔註17〕

胡適認爲「道」是超出天地萬物之外的，單獨不變的存在，有把道當作一個
純粹理念來理解的傾向。他認爲「自然」是道的作用，「自」就是自己，就是
「道」本身，它不是有人格有意志的；「然」就是如此，就是如「道」本身一
樣發揮作用。

把「自然」解釋爲「自己如此」的說法在學術界最具代表性。張岱年也
認爲「自然」就是「自己如此」之意，他說：「所謂『道法自然』即是道以自
己爲法。『自然』即自己如此之意。」〔註18〕陳鼓應的論述具有總結性的意義，
突出了「自然」觀念的自發性、內在性和過程性，他認爲「自然」是天地萬
物運行的狀態，而不是某種固定的對象，這種說法是對老子思想較爲有力的
解釋，他說：

> 老子說：「人法地，地法天，天法道，道法自然。」這裡不僅說
> 「道」要法「自然」，其實天、地、人所要效法的也是「自然」。所
> 謂「道法自然」，是說「道」以它自己的狀況爲依據，以它內在原因
> 決定了本身的存在和運動，而不必靠外在其他的原因。可見「自然」
> 一詞，並不是名詞，而是狀詞。也就是說，「自然」並不指具體存在
> 的東西，而是形容「自己如此」的一種狀態。《老子》書上所說的「自
> 然」，都是這種意思。……所有關於「自然」一詞的運用，都不是指
> 客觀存在的自然界，乃是指一種不加強制力量而順任自然的狀
> 態……老子提出「自然」的觀念目的在於消解外界力量的阻礙，排
> 除外在意志的干擾，主張任何事物都應該順任它本身所具有的可能
> 趨向去運行。〔註19〕

在近年來出版的著作中，更有學者明確指出道家「自然」觀念與現代漢
語所謂自然界的意義是截然不同的，不宜將「自然」與自然界相混淆，這是

〔註17〕《中國哲學史大綱（上）》參見胡道靜主編：《十家論老》上海：上海人民出
版社 2006 年，頁 11。
〔註18〕張岱年：《中國古典哲學概念範疇要論》北京：中國社會科學出版社 1989 年，
頁 79。
〔註19〕陳鼓應：《老莊新論》上海：上海古籍出版社 1992 年，頁 25～26。

在探索「自然」觀念的過程中最應注意的：

> 在中國古代文獻的絕大多數語境中，自然都不具有現代漢語中
> 的「自然」的「自然界」這一義項。現代漢語中的「自然」的「自
> 然界」這一義項在中國古代由天、地、萬物等概念來分別承擔。中
> 國古代文獻中的自然大多取《老子》和《莊子》中的自然的內涵。
> 此一自然的內涵學術界大多數學者都解釋為「自己如此」。這是古代
> 中國人對自然的最基本的規定。〔註20〕

除了「自己如此」這個占主流的解釋外，還有學者從不同的角度出發對「自
然」觀念進行論述，其中也不乏新穎深刻的觀點。

蔣錫昌反對胡適所說的「自然」就是「自己如此」的解釋，他認為自然
就是「自成」的意思。他說：

> 二十五章「道法自然」，言道法自成也。六十四章「輔萬物之自
> 然而不敢為」；言以輔萬物之自成而不敢為也……胡適云，「自然只
> 是自己如此。」自注，「謝著《中國哲學史》云，『自然者，究極之
> 謂也』，不成話。」謝言固不成話，胡說亦未得也。《老子》所謂「自
> 然」皆指「自成」而言。「自成」亦即三十六章及五十七章「自化」
> 之意。〔註21〕

蔣錫昌對「自然」觀念的解釋，是從「道」本身運行的過程著眼的，「道」是
「獨立而不改，周行而不殆」的，「道」自化自成，自我運行，自我完成，這
是一個不以人的意志為轉移的生生不息的創造過程。「自然」觀念正是對道的
活動過程的總概括，如果在研究中不重視這個過程，就會把「自然」解釋成
一個僵化不活的觀念，因此蔣錫昌批評胡適「自然」就是「自己如此」的說
法過於強調「自己」，而忽視了「道」自化自成的運行過程。蔣錫昌注解第五
十一章「道之尊，德之貴，夫莫之命而常自然」時再次強調了自化自成說：「此
言道之所以尊，德之所以貴，即在於不命令或干涉萬物而任其自化自成也。」
〔註22〕這種說法與成玄英把「自然」視為一個由淺入深的過程的說法相近，

〔註20〕趙志軍：《作為中國古代審美範疇的自然》北京：中國社會科學出版社 2006
年，頁6。

〔註21〕劉丹青主編：《語言學前沿與漢語研究》上海：上海教育出版社 2005 年，頁
113。

〔註22〕劉丹青主編：《語言學前沿與漢語研究》上海：上海教育出版社 2005 年，頁
317。

他們都強調把「自然」作為一個運行過程來理解，反對對象化的解釋。

侯外廬對老子思想的研究，在社會史與思想史相結合的基礎上，注意探究老子思想的社會根源。雖然他斷定老子思想晚出於孔、墨的觀點值得商榷，但是他意識到老子「自然」觀念的提出在於解決天之道和人之道、自然法則與社會法則的關係難題，這個立足點卻是十分深刻的。侯外廬說：

> 「人法地，地法天，天法道，道法自然。」這裡所謂天、地、人、自然諸觀念雖然蒙混，但是人的社會秩序適應物的自然秩序，這種關係卻表示的十分明白……歸納起來講，自然法或自然秩序是不爭、不有、無為、平等、自均、不主、不私、不長的合法則運動。這是宇宙永久的法則，超乎一切時代，超乎場合的不變的絕對運動律。因為自然秩序是超時代的，所以是無善惡的，無公私的，無主觀客觀的，無上下先後的，無大小的；不私能成其私，不自大能成其大，不主而自主，不勝而自勝，不有而自有，不盈而自盈，無為而無不為，所以是大平等，自平均。老子根據這樣的自然秩序，這樣的自然體的性質，進而比況他的合理的社會。〔註23〕

侯外廬指出「自然」觀念的意義有模糊的一面，但從總體上來說，「自然」是超越時空的永久的法則。由此認識再深入一步，侯外廬為我們揭示了老子思想的方法論特徵，他說：

> 把絕對自然秩序引用到絕對社會秩序之抽象認識，是老子的基本方法論……老子也承認：「大道甚夷，而民好徑」，「天之道……損有餘而補不足，人之道則不然，損不足以奉有餘」，自然法則與社會法則是根本相背離的，可是他認為社會的必然可以不必然，不合理的並矛盾的社會可以使之合理。〔註24〕

侯外廬的思想史研究，綜合哲學思想、邏輯思想和社會思想對經濟基礎、上層建築和意識形態進行說明，涉及範圍廣泛而複雜的思想史難題，在探索過程中貫穿著強烈的社會歷史意識，從社會歷史的整體來探討思想家的思想觀念。他對老子思想及其「自然」觀念的討論，充分體現著這一特點。他明確

〔註23〕侯外廬、趙紀彬、杜國庠主編：《中國思想通史》（第一卷）北京：人民出版社1957年，頁298～300。

〔註24〕侯外廬、趙紀彬、杜國庠主編：《中國思想通史》（第一卷）北京：人民出版社1957年，頁301～302。

指出春秋戰國之際主要的歷史問題就是應否清算或如何清算西周遺制，當這種歷史問題意識達到一定的程度，他就自覺到歷史上不同的人思考問題的方式是不同的，而這種種不同的思考與當時的歷史主題存在著深刻的內在關聯。因此，我們只有從當時主要歷史問題與老子思想的關係出發，才能深入瞭解老子「自然」觀念的意義。

劉笑敢是最近十多年來對道家「自然」觀念研究最爲用力的學者，從 1996 年在《中國社會科學》第 6 期發表《老子之自然與無爲概念新詮》以來，先後發表了《人文自然與天地自然》（《南京師範大學文學院學報》2004 年第 3 期）、《老子之人文自然論綱》（《哲學研究》2004 年第 12 期）等論文，並在 2006 年出版的《老子古今——五種對勘與析評引論》一書中集中闡述了對老子「自然」觀念的看法。劉笑敢指出，「自然」是老子思想體系的中心價值所在，「自然的概念大體涉及行爲主體（或存在主體）與外在環境、外在力量的關係問題，以及行爲主體在時間、歷史的演化中的狀態問題。」關於行爲主體和外部世界的關係問題，「自然」的表述就是「自己如此」，這是自然的最基本的意含，其他意含都與此有關。「本來如此」和「通常如此」可以用來表述表述行爲主體或存在主體在時間延續中的狀態問題，是針對變化來說的。「勢當如此」是針對未來趨勢而言的。綜合言之，「自己如此」強調的是事物的內在動力和發展原因，「本來如此」、「通常如此」、「勢當如此」強調的都是事物存在與延續的狀態，是事物存在與發展的平穩性問題。概括說來，老子所說的自然包括了自發性、原初性、延續性和可預見性四個方面。自然的這四層意含可以概括爲兩個要點，即動力的內在性和發展的平穩性。而更概括的說法則是總體狀態的和諧。〔註25〕

劉笑敢關於自然最重要的觀點是提出了「人文自然」的概念，他說：

> 人文自然的概念是現在提出的，卻已經經過了十幾年的曲折探索和思考。單講自然二字，內涵、意義太複雜古代老子之自然、莊子所講之自然、《淮南子》所講之自然都不大相同，宋儒常講天理自然，其意義又有所不同……這說明，單講自然，誤會的空間太大，根本無法進行嚴格的學術討論，也談不上正確地理解老子思想，更無法進行道家思想的現代化運用和轉化。

〔註25〕參見劉笑敢：《老子古今——五種對勘與析評引論》北京：中國社會科學出版社 2006 年，頁 291～292。

劉笑敢特別強調，人文自然概念的提出是爲了防止和杜絕四種誤解：

(1) 將老子之自然誤作自然界或大自然的同義詞；(2) 將老子
之自然誤作與人類文明隔絕或沒有任何認爲努力的狀態；(3) 將老
子之自然誤作人類歷史上原初社會的狀態；(4) 將老子之自然誤作
霍布斯所假設的所有人對所有人的戰爭的「自然狀態」（state of
nature）。〔註26〕

劉笑敢對《老子》書中講到「自然」的五處文句進行了深入分析，認爲這五
處「自然」涵蓋了總體、群體、個體三個層次，揭示了「自然」概念的最高
層次、中間層次、最低層次三個層次的意義，「道法自然」和「道之尊，德之
貴，夫莫之命而常自然」中的「自然」是最高層次終極價值意義上的「自然」；
「百姓皆謂我自然」，「希言自然」中的「自然」是人類群體意義上的「自然」；
「以輔萬物之自然而不敢爲」中的「自然」是著重個體之「自然」，他說：

老子之自然首先是一種最高價值，是一種蒂利希（Paul Tillich）
所說的終極關切的表現，表達了老子對人類以及人與自然宇宙關係
的終極狀態的關切。其次，老子之自然作爲一種價值也表達了老子
對群體關係的關切，即對現實生活中人類各種群體之相互關係及生
存狀態的希望和期待。最後，老子之自然也表達了老子對人類的各
種生存個體存在、發展狀態的關切。〔註27〕

人文自然的提法意在從根本上揭示和強調老子自然的基本精神，避免各種誤
解，爲老子思想在現代社會的應用和發展開闢可能的途徑。由此可見，劉笑
敢關於老子「自然」的詮釋比前人更爲全面和系統。

綜合上述古今學者對自然觀念的解釋，我們可以得出以下幾點認識：

第一，「自然」觀念是老子思想中基礎的、本源的、核心的觀念，是老子
思想具有深刻性、思辨性和開放性的最好說明。「道法自然」是先秦道家最根
本的命題，該命題中的「自然」觀念深刻地說明了「道」的自發性、過程性、
整體性、玄奧性。

第二，老子「自然」觀念是一個複雜的觀念，古今學者從不同角度對其
進行解釋，爲我們深入理解「自然」觀念提供了豐富的思想資源。例如：有
人認爲「自然」是道的內在本性（如嚴遵、河上公等，胡適認爲「自然」是

〔註26〕劉笑敢：《老子之人文自然論綱》載《哲學研究》2004 年第 12 期。
〔註27〕劉笑敢：《老子之人文自然論綱》載《哲學研究》2004 年第 12 期。

道的作用，不是外在意志強加的，也可看作是對「自然」的內在性解釋）；有人認爲「自然」是「道」最根本最深刻的規定性（如王弼）；有人認爲「自然」是「道」本身的運行過程（如成玄英、蔣錫昌等）。

　　第三，侯外盧對老子的研究，注重老子思想與當時歷史主要問題的內在聯繫，揭示老子思想的社會根源。他指出老子「自然」觀念的提出在於解決天之道和人之道、自然法則與社會法則的關係問題，並說明老子思想的基本方法論是「把絕對自然秩序引用到絕對社會秩序之抽象認識」。這雖然有把「自然」理解爲自然界的傾向，但是從天人關係來把握自然觀念的立足點卻是非常深刻的。

2. 認知語言學和認知隱喻學的方法論意義

　　第一，歷史文獻可以幫助我們推測老子思想形成可能經過哪幾個階段。從歷史的眼光來看，老子的思想不是一夜之間突然成形的，它有一個發展的過程。思想發展的歷程與思想家本人所處的時代、地域及具體而微的文化環境密切相關；另一方面思想家的個人經歷、文化修養、思維習慣甚至心理變化等等也影響著思想形成的整個過程。孫以楷把老子和孔子的交往大致分爲三個階段，〔註28〕從思想發展的角度來看，這三個階段也揭示了老子思想逐漸深入和成熟的過程。

　　第一個階段的交往主要是孔子適周問禮於老子。此時，老子身爲東周王室的史官，對周禮的崇信已逐漸淡薄，但他和遠道而來的孔子討論的主要也還是具體的禮制問題。《禮記‧曾子問》對此有所記載。《史記‧老子韓非列傳》也說：

> 孔子適周問禮於老子。老子曰：「子所言者，其人與其骨皆已朽矣，獨其言在耳。且君子得其時則駕，不得其時則蓬累而行。吾聞之，良賈深藏若虛，君子盛德，容貌若愚。去子之驕氣與多欲，態色與淫志，是皆無益於子之身。吾所以告子者，若是而已。」孔子去，謂弟子曰：「鳥，吾知其能飛；魚，吾知其能游；獸，吾知其能走。走者可以爲網，遊者可以爲綸，飛者可以爲矰。至於龍，吾不能知，其乘風雲而上天。吾今日見老子，其猶龍邪！」

　　另外，在《史記‧孔子世家》中也有相關的記載：

〔註28〕參見孫以楷：《老子通論》合肥：安徽大學出版社 2004 年，頁 66～79。

> 魯南宮敬叔言魯君曰：「請與孔子適周。」魯君與之一乘車，兩
> 馬，一豎子，俱適周問禮，蓋見老子云。辭去而老子送之曰：「吾聞
> 富貴者送人以財，仁人者送人以言。吾不能富貴，竊仁人之號，送
> 子以言，曰：聰明深察而近於死者，好議人者也。博辯廣大危其身
> 者，發人之惡者也。爲人子者毋以有己，爲人臣者毋以有己。」

這些史料給我們透露的信息是，這個階段的老子已經開始對周禮進行反思，
他反對形式化的虛僞的禮儀，認爲那一本正經下面隱藏著「驕氣」、「多欲」、
「態色」、「淫志」，對於自身沒有一點好處。

　　第二個階段，是老子罷官歸居之後。這個時期，老子的社會政治思想發
生了重大變化。從崇信、宣傳、維護周禮到反對周禮。老子感到統治者宣揚
周禮恰恰是爲了掩蓋自己無禮的行爲，攫取更多的權力，爲所欲爲。所以老
子說：「禮者，忠信之薄而亂之首也。」（《老子》第 38 章）老子還從探討統
治術更進一步探討無爲而治。「孔子西藏書於周室，子路謀曰：『由聞周之征
藏史有老聃者，免而歸居，夫子欲藏書，則試往因焉。』」（《莊子・天道》）
老子與孔子之間展開了「無爲而治」與「仁義之治」的論辯。孔子認爲仁義
是人的本性，其表現是泛愛無私。老子則認爲自然才是人的本性，仁義雖表
現爲無私，但最終結果還是利己；仁義只是人與人之間互利關係的裝飾而已，
歸根到底仍是虛僞的，因此老子說：「夫兼愛，不亦迂乎！無私焉，乃私也。」
（《莊子・天道》）老子還指出「自然」才是人的本性：「天地固有常矣，日月
固有明矣，星辰固有列矣，禽獸固有群矣，樹木固有立矣。夫子亦放德而行，
遁道而趨，已至矣！」（《莊子・天道》）

　　第三個階段，孔子問天道於老子。這就是《莊子・天運》所說：「孔子行
年五十有一而不聞道，乃南之沛見老聃。」這個階段老子與傳統周禮決裂，
從天道自然無爲探求社會無爲而治的根據。老子的思想達到相當的深度，提
出「人法地，地法天，天法道，道法自然」的核心思想。因此，正如郭沫若
所說，老子提出道論之後，一直在苦心探索「道」的來歷，而「自然」觀念
就是老子苦心探索的結果。〔註29〕

　　第二，我們可以通過歷史文獻推測老子思想的形成，同時也可以在這種
歷史感的基礎之上通過認知科學、認知語言學、認知隱喻學來捕捉老子思想

〔註29〕 參見郭沫若：《中國古代社會研究（外二種）・青銅時代・先秦天道觀之進展》
　　　　 石家莊：河北教育出版社 2004 年，頁 273。

的深層含義，下面先概述認知語言學和認知隱喻學。

　　儘管我們只能從有關文獻的蛛絲馬迹推測老子思想的形成可能會經歷哪些階段，但老子思想有一個由淺入深的發展過程則是毫無疑問的。我們認為「道法自然」是老子思想的核心綱領。「道」觀念包含有四通八達的意義，表示著老子苦心孤詣的發明，它以一種具有複雜性、模糊性和思辨性的方式指稱常有常無的統一，常動不居的過程。而「自然」觀念代表著對這一過程的探索和追問。所以「道法自然」的提出，說明老子思想在發散性與聚合性之間存在巨大的張力，這種張力促發老子深入思考天道與人道的關係問題。老子思想不是偶發的、散漫的，而是嚴肅的、縝密的，是以開放的態度對基本問題的探索和追問。「自然」觀念是老子思想的第一觀念，它在老子思想中具有基礎性，它優先於老子思想中的其他任何問題，雖然在研究的順序上它可能排在最後。如果僅從字面上去解釋，正如王弼注所說：「自然者，無稱之言，窮極之辭也」，似乎已經言語道斷了。但是，如果我們打破字面的注釋，深入關注思想觀念的形成過程，我們就能重新發掘老子思想的創造性和開放性，這也是思想史研究的內在要求。我們在第二章第二節從認知科學的角度對老子思想的創造過程進行了討論，在認知科學的諸多分支學科中，認知語言學和認知隱喻學有助於我們深入探討思想觀念的形成。

　　語言學對人類語言現象的解釋主要有兩種研究範式。一種是形式語言學的範式，主張建立一套形式化的原則和規則系統，從語言結構內部對語言現象進行解釋；另一種是認知語言學的範式，它不滿足於對語言結構的描寫，而是通過對人類認知的研究解釋語言現象，揭示人們通過語言認識世界的方法及其規律。認知語言學（Cognitive Linguistics 簡稱 CL）是認知科學的六個核心分支學科之一，它不是一種單一的理論，而是一種研究範式，其中包括許多不同的研究理論和研究方法，但它們都強調語言和人類認知的其它領域的相互關係。認知語言學發端於 20 世紀 70 年代，從 80 年代中期以來，範圍擴展到語言學的各個領域。〔註30〕認知語言學認為：

　　　　語言不是直接表現或對應於現實世界，而是有一個中間的認知

　　構建（Cognitive Construction）層次將語言表達（Expression）和現

〔註30〕參見：The MIT Encyclopedia of the Cognitive Sciences edited by Robert A. Wilson andFrank C. Keil, p134。The MIT Press Cambridge, Massachusetts, London, England.

實世界（Reality）聯繫起來。在這個認知中介層，人面對現實世界
形成各種概念和概念結構。現實世界通過這個認知中介層「折射」
到語言表達上，語言表達也就不可能完全對應於現實世界。〔註31〕

在語言和現實世界之間的這個認知中介層，是人類各種認知能力交互發揮作
用的領域。認知優先於語言並決定著語言的發展，只有人們對某事物或事件
的認知達到一定水平時，才會在語言中用相應的概念將其表達出來。認知語
言學把語言作為一種認知活動，它探討人們對世界的經驗以及對世界進行概
念化的過程，它關注語言的產生、獲得、使用、理解的過程，並對此進行概
括和解釋。

認知語言學探索語言在人類認知過程中所起的作用並對此進行解釋，語
言是人類認知的一種重要現象。現實世界是不斷變化的，在實踐活動中，人
類的認知也隨之不斷深化和複雜化，在人類認知深入發展的過程中，當人們
需要通過常規的、熟悉的語言表達非常規的、陌生的事物或事件時，隱喻就
產生了。傳統語言學將隱喻視為一種語言現象，當作一種特定的修辭格來看
待。但是隨著認知科學及其相關領域研究的不斷深入，人們開始認識到，隱
喻不僅是一種語言現象，而且是一種重要的認知現象：

隱喻不但是一種語言現象，而且在本質上是人類理解周圍世界
的一種感知和形成概念的工具。如果語言表達的概念是隱喻性的，
通過視覺手段表達的同樣概念也是隱喻性的。語言中的隱喻產生於
隱喻思維過程，反映了人類大腦認識世界的方式。隱喻是我們探索、
描寫、理解和解釋新情景的有力工具。……隱喻可以幫助我們利用
已知的事物來理解未知的事物，或者可以幫助我們重新理解我們已
知的事物。〔註32〕

因此，隱喻是人類在認識世界、改造世界的實踐活動中顯示出來的創造性，
隱喻的本質在於通過已有的經驗、經歷和事物去瞭解未知的經驗、經歷和事
物。它是人類思維與現實世界互動的產物，它豐富了人類的語言文字體系，
創造了無窮無盡的意義。隱喻是具有創造性和開放性的：

從狹義上來講，隱喻指的是語言中某些語詞的特殊用法，往往
是事物 x 的名稱用以指稱事物 y；從廣義上來講，隱喻則可以指概

〔註31〕劉丹青主編：《語言學前沿與漢語研究》上海：上海教育出版社 2005 年，頁 2。
〔註32〕束定芳：《隱喻學研究》上海：上海外語教育出版社 2000 年，頁 30。

　　念化以及再概念化的過程本身。也正是在後一種意義上，我們可以

　　認為所有思想都是隱喻性的。〔註33〕

這說明隱喻包含多層複雜含義，從狹義來看，隱喻表現為一種語言表達式，內涵著指稱的變異和意義的轉換；從廣義上來看，隱喻表現為一種具有基礎性的認知範型和思維方式，內涵著一種特殊的概念化過程。由隱喻主導的概念化以及再概念化的過程將人們的認知活動向深度和廣度上不斷推進，它擴大了人們認識一些尚無名稱的或尚不知曉的事物的能力。隱喻的作用是幫助人們發現新的東西並加以解釋：

　　隱喻的作用是在人們用語言思考所感知的物質世界和精神世界

　　時，能從原先互不相關的不同事物、概念和語言表達中發現相似點，

　　建立想像極其豐富的聯繫。這不是一個量的變化，而是認識上的質

　　的飛躍。新的關係、新的事物、新的觀念、新的語言表達方式由是

　　而生。它是難以用規則描寫的。〔註34〕

　　第三，我們在介紹認知科學、認知語言學、認知隱喻學的基礎上，進一步探索認知語言學和認知隱喻學在思想史研究中的方法論意義。

　　（1）認知語言學認為對語言現象的理解和解釋是以社會文化和歷史為基礎的，這可以構成中國思想史研究的重要環節，深化我們對思想觀念的理解。

　　認知語言學把語言作為一種認知活動來進行概括和解釋，並將語言與人類認知能力的全面發展聯繫起來理解，深化了我們對語言的認識。認知語言學在基本理論上與形式語言學是對立的。形式語言學認為語言現象可以通過句法結構或語法規則解釋清楚，因此只要通過精確的研究，建立一套嚴格的規則體系，就能透徹地瞭解人們所獲得的語言知識。認知語言學反對形式語言學的研究思路，主張深入挖掘語言現象背後的心理活動特點和社會歷史基礎，進而合理地解釋和概括語言現象。語言現象有生理和心理的基礎，但同時也是社會文化和歷史的產物。語言作為思想交流的工具，無法離開社會文化和歷史。現實世界、認知、語言、知識、思想觀念之間有著複雜多變的關係，它們是人類豐富多彩的文化的有機組成部分。運用認知語言學的方法使得我們能更深入地理解語言現象的複雜性，語言不是客觀的規則體系可以窮盡的，它是隨著人們的認知能力和社會歷史的變化而不斷變化的。

〔註33〕郭貴春：《科學隱喻的方法論意義》載《中國社會科學》2004年第2期。

〔註34〕胡壯麟：《認知隱喻學》北京：北京大學出版社2004年，頁13。

（2）認知語言學幫助我們深入理解中國古代思想的特點。

認知語言學的哲學基礎是體驗哲學，它提倡「身心合一」或「心寓於身」（embodiment）的認知觀。按照這種觀點，心智和思維產生於人跟外部世界的相互作用，在這個相互作用的過程中人通過自己的身體獲得體驗，人的整個概念系統都植根於知覺、身體運動和人在物質和社會環境中的體驗。這種觀點跟「身心分離」的認知觀相對立。「身心分離」的觀點認為，心智、思維與身體是分離的各自獨立發揮作用的，它們與感知經驗、心理特性、生理系統、神經機制脫節。心智和思維獨立於人與外部世界的相互作用，不受人類身體的任何限制，客觀世界通過經驗如同鏡子一樣反映到人的心智與思維之中，人的心智和思維可以通過邏輯規則操縱一些抽象的符號。這些符號跟客觀世界的事物有直接的、約定俗成的對應關係，這就是符號的全部意義，或者說符號的意義跟人對客觀世界的體驗無關。〔註35〕

中國古代思想與「身心合一」的認知觀是一致的，它強調對世界的整體把握。古人所謂天、地、人三才相參，其中「參」，對於人而言，就是深入地體驗自身與天地萬物一體而不可分離。《周易‧繫辭下》說：「古者庖犧氏之王天下也，仰則觀象於天，俯則觀法於地，觀鳥獸之文與地之宜，近取諸身，遠取諸物，於是始作八卦，以通神明之德，以類萬物之情。」這正是對身心合一的認知觀的絕好說明。劉勰在《文心雕龍‧原道》中對漢語言文字的特色作了極為精彩的論述，他說：

> 文之為德也大矣，與天地並生者何哉？夫玄黃色雜，方圓體分：日月疊璧，以垂麗天之象；山川煥綺，以鋪理地之形：此蓋道之文也。仰觀吐曜，俯察含章，高卑定位，故兩儀既生矣。惟人參之，性靈所鍾，是謂三才。為五行之秀，實天地之心。心生而言立，言立而文明，自然之道也。〔註36〕

從劉勰的論述可以看出，雖然我們不能說明「道」就是什麼，但我們至少可以從「道」的表現形式來對道進行觀察和體悟，顏色、形體、日月、山川構成了客觀世界，這就是「道之文」。天體、地貌是人對客觀世界進行充分認知之後形成的概念，即所謂「惟人參之」。這些概念是這樣形成的：人向上看到

〔註35〕劉丹青主編：《語言學前沿與漢語研究》上海：上海教育出版社 2005 年，頁2～3。
〔註36〕周振甫：《文心雕龍今釋》北京：中華書局 1986 年，頁9～10。

了天體的光耀，向下看到了地上隱含著的圖案，上面和下面的位置概念確定了，天和地（兩儀）的概念就產生了。這些都是需要人參與進去才會產生的概念。因此，天、地、人是世界的三種創造性因素，缺一不可。人是五行孕育出來的精華，是「秀」，也是宇宙間創造精神的體現者，是「心」。語言文字是人的創造性的集中體現，也是宇宙創造精神的集中體現，根本無需刻意的製作，所以說：「心生而言立，言立而文明，自然之道也。」〔註37〕語言文字產生的過程就是人充分參與天地萬物的變化運轉並發揮創造性精神的過程。人們對現實世界的認知可以在可以在語言文字中得到體現。

（3）認知科學認爲人類思維過程具有隱喻性的特點，認知隱喻學是認知語言學中一種非常重要的研究方法。老子的「道」就是通過隱喻建立起來的觀念。

「隱喻的本質是以另一件事和經驗來理解和經歷一件事和經驗。」〔註38〕隱喻從思維深層引起語言的變化。隱喻的使用能夠有效地彌補純粹形式邏輯語言的淺表性、封閉性和機械性，拓展思想觀念的意義空間。因爲隱喻引導人們從新視角、新關係去看待傳統的思想觀念，從而創造出新的意義，從更深的層次解決問題。例如「道」的觀念在老子以前早就流行，其本義是指行路，後來逐漸產生了通、導、順、言、德、理、直、公、術等含義，用現在的話說，即是法則、規律、眞理、術數、方法等意思。但在老子之前，『道』字還停留在形而下的範圍，其最廣大的應用是『天道』、『人道』、『神道』三者，仍是有限事物。老子《道德經》闡明了大道的無限性、超越性、自然性和普遍性，使『道』擺脫了感性色彩，上昇爲最高哲學概念。〔註39〕「道」的概念化和再概念化的過程，從認知和思維的角度來看，就是在語言、知識、行動這三個層次上不斷隱喻化和深化的過程。新思想的出現往往是頓悟式的，具有突然性和不可預期性，在這種情形下，隱喻的使用能夠鞏固新觀念、發明新語言、創造新意義，使新觀念向縱深發展，並以簡潔的方式表達複雜的道理。

思想觀念產生的最初階段具有模糊性和思辨性的特點，並非一開始就以

〔註37〕參見許國璋：《許國璋論語言》北京：外語教學與研究出版社 1991 年，頁 37～39。
〔註38〕胡壯麟：《認知隱喻學》北京：北京大學出版社 2004 年，頁 10。
〔註39〕參見牟鍾鑒：《論道》載《中國哲學史》1996 年第 3 期。

嚴格的邏輯分析來表達，老子在表述「道」的意義時，說：

　　　　吾不知誰之子，象帝之先。(《老子》第 4 章)

　　　　道之為物，惟恍惟惚。(《老子》第 21 章)

　　　　吾不知其名，字之曰道。(《老子》第 25 章)

這些都表明新觀念的產生需要一個開放的運思空間，而詩的語言、詩性隱喻提供了這樣的空間，同時也為人們提供了非凡的洞察力。由這種洞察力產生的觀念以新的眼光來看待世界，從而對舊觀念造成衝擊，老子提出「道」這個隱喻性的觀念，其直接影響就是取消了殷周以來的人格神的天的至上權威，這在思想史上的意義是不言而喻的。

　　另外，新的隱喻、新的思想觀念能夠促使不同的理論之間發生聯繫和轉化。廣而言之，在社會、文化、歷史、日常生活、政治制度之間形成一個有機體需要一些重要觀念來維繫，而這些觀念不是單純的形式邏輯可以定義的，它們通常是具有複雜性和豐富性的隱喻概念。還是以「道」為例，「道」這個觀念產生以後，「普通中國人，不論哪行哪業，都在日常生活中把『道』作為最高價值尺度，於是『道』竟成了中國人心目中真理的代名詞。凡探求宇宙奧秘、人生真諦的努力，稱之為求道、學道；有所收穫，稱為聞道、悟道、體道；有所推動發揚，稱為弘道、行道。中國人大都相信宇宙雖無主宰神，卻存在著最高真理的道，有理想的人應該修道，勤奮有方則可以得道。」〔註40〕由此可見，「道」這個隱喻性概念以其強大交流能力、聯繫轉化能力以及意義的豐富性成為指導個人生活、規範國家制度、傳承社會文化的「大」觀念。「自然」是「道」的深層意義，它說明「道」的運行是自發的，沒有外在的因素促使其運動，「道法自然」表明老子提出「道」這個觀念之後，沒有就此止步，而是進一步追尋著「道」的深意。

第二節　「自然」觀念的意義

1. 「自然」、「道」的不可定義性

　　我們認為「自然」觀念和「道」觀念具有不可定義性，這是在考察「自然」觀念的過程中必須明確指出的。「道」和「自然」是兩個複雜的觀念，「道」

〔註40〕參見牟鍾鑒：《論道》載《中國哲學史》1996 年第 3 期。

是老子深入觀察思考宇宙人生所得的獨特洞見，而「自然」則代表著老子對道的意義的苦心孤詣的探索。道與自然並非兩個封閉的觀念。在老子看來，沒有一個存在於經驗之外的獨立的理論領域，這與西方哲學傳統是有明顯區別的。一般而言，在柏拉圖思想影響下的西方哲學傳統中，存在著兩個世界，一個是經驗的、現象的世界，另一個是理性的、本質的世界。理念是思想的產物，是脫離現象界而獨立存在的。

> 蘇格拉底提出要爲同類的事物尋找定義，柏拉圖就把這種能夠充當定義的東西叫做理念。理念是事物的本質，也是事物的原型。理念既與現象界事物有別，也處在現象界之外，在一個理念的世界裏。〔註41〕

正是從這個意義上，我們說「道」與「自然」的觀念是不可定義的，它們代表著老子對現實世界的體悟，不是純粹的「思想體」或理念，因而不能被對象化，也不能將其當作某種具體的事物，給予單純的定義。在現當代對老子思想的闡釋中，人們在很大程度上都受到西方哲學的影響，有把「道」、「自然」等觀念當作抽象理念來理解的傾向，並進一步對老子思想作唯心主義或唯物主義的分別，這種方法不利於對老子思想的深入理解，任繼愈對這一現象進行了反思，他說：

> 我一向認爲老子哲學思想比孔子、孟子都豐富，對後來的許多哲學流派影響也深遠。總期望把它弄清楚。1963年出版的《中國哲學史》教科書認爲老子是中國第一個唯物主義者；1973年出版的《中國哲學史簡編》（是四卷本的縮寫本），則認爲老子屬於唯心主義。主張前說時，沒有充分的證據把老子屬於唯心主義者的觀點駁倒；主張後說時（《簡編》的觀點），也沒有充分證據把主張老子屬於唯物主義者的觀點駁倒。好像攻一個城，從正面攻，背面攻，都沒有攻下來。這就迫使我停下來考慮這個方法對不對。正面和背面兩方面都實驗過，都沒有做出令人信服的結論來，如果說方法不對，問題出在哪裏？我重新檢查了關於老子辯論的文章，實際上是檢查自己，如果雙方的論點都錯了，首先是我自己的方法錯了。〔註42〕

我們認爲，這種方法的錯誤在於過分強調唯物、唯心的對立，忽視了中國思

〔註41〕俞宣孟：《本體論研究》上海：上海人民出版社 2005，p83。
〔註42〕任繼愈：《老子繹讀》北京：北京圖書館出版社 2006 年，頁 253～254。

想固有的特點。思想的發展與社會歷史的發展是緊密相關的,中國古代思想家面對事物中包含著的相互對立的方面時,更強調對立面之間的相輔相成,而不是對立鬥爭。這與中國古代社會的亞細亞生產方式有關,亞細亞的古代是由家族到國家,血親製度一直頑固地存在著,國家混合在家族裏面,走的是新陳糾葛,舊的拖住新的「維新的路線」,而不是新陳代謝,新的衝破舊的「革命的路線」。因此,中國古代的思想探索事物自發運行的過程,關注事物的整體性和關聯性,欣賞天地萬物和諧運轉的美,認爲人類與人類所處的世界具有統一性,人的行爲應該與天地萬物的運行保持一致。

老子的思想並不在於建立一個嚴密的思想體系,老子提出的「道」只是個符號,它具有指向作用,「道」是有無統一的、開放的、永恒運動的過程。這個過程是顯而易見的事實,是自然而然的。所以《老子》書開宗明義即說:「道可道,非常道;名可名,非常名。」「道」,說得出的,它就不是永恒的「道」。「名」,叫得出的,它就不是永恒的名。〔註43〕因此,老子在表達自己的思想時,沒有使用形式化的邏輯語言,也沒有使用嚴格的井井有條的概念體系,而是充分運用詩意的、晦澀的、暗示的、比喻的語言,並且善於運用否定,經常正話反說,所謂「正言若反」,這些都超出了形式邏輯的理解。「道」、「自然」等觀念的不可定義性爲我們的思想打開了廣闊的富於變化性和充滿創造性的空間,它永遠那麼新奇,那麼生機盎然。

2. 「自然」意義網絡的展開

第一,老子在春秋末年,突破人格神之天的至上權威,超越常規的、具體的「忠之道」、「生民之道」、「親之道」、「取禍之道」、「危之道」、「先人之道」等觀念,深入闡發了自然之道,提出了中國古代思想的新範式,這是老子思想創造性的集中體現。老子「道法自然」的思想,並不是一個成熟的封閉的思想體系,它還需要不斷地探索和追問。也就是說,「自然」、「道」等新範式的提出,吸引了一批堅定的支持者,開闢了嶄新的思想道路。但與此同時,這些觀念又給後來的人們留下了許多有待解決的和深化的問題。老子開闢的是一條「活路」,它取得了新的範式以及在此範圍之內的更深奧的研究課題,從而邁向富有創造性成果的未來。概括而言,這個探索的過程就是「自然」意義網絡的展開過程。

〔註43〕本文《老子》的今譯部分主要參照任繼愈《老子繹讀》,下同。

《老子》第七十章說：

> 吾言甚易知，甚易行。天下莫能知，莫能行。言有宗，事有君。
>
> 夫唯無知，是以不我知。知我者希，則我者貴。是以聖人被褐懷玉。

這一章是老子的夫子自道，可以視爲《老子》書的自序，它說出了自己的思想因超出世俗的見識而不被世人理解和接受的現實。老子並不是爲思想而思想，他是想通過對歷史與現實的深思，引導人們走上「大道」。老子的思想是追本探源，提綱挈領的，其行事也是順從自然，有主有從的。王夫之解釋「夫唯無知」時說：「物之自然，非我言之，非我事之，我亦由焉而不知。」〔註44〕這說明，事物自己運作，人只是參與其中，因此，不是人做成了事，而是事自然成就，並由此而成全了人。老子所說之「宗」、「君」正是自然之道。世人自以爲是，一心謀求一己之私利、私名，很難與自然之道溝通，因此也就很少有人能理解並自覺地效法自然之道了。

「自然」觀念在老子甚至整個道家思想中處於基礎與核心的地位，它代表著對「道」的深究與追問。雖然在《老子》、《莊子》等重要的道家文獻中「自然」一詞出現的次數並不多（在《老子》中出現五次，在《莊子》中出現八次），但老莊思想都是圍繞「自然」觀念立論的，「自然」觀念代表著老子、莊子等思想家對外部世界及其自身生存模式的深入追問與探索，「自然」兩個字並不能完全概括「自然」觀念的整個思想內容。王弼說：

> 自然者，無稱之言，窮極之辭也。

徐靈府說：

> 自然，蓋道之絕稱，不知而然，亦非不然，萬物皆然。然而自
>
> 然非有能然，無所因寄，故曰自然也。〔註45〕

這兩個注解都說明「自然」觀念在道家思想中的核心地位。「無稱之言，窮極之詞」，「道之絕稱」等說法似乎已經言語道斷，阻止了許多人想要進一步闡釋道家「自然」的嘗試。但是，如果我們從整體性和複雜性的意義來看，那麼關於「自然」觀念的這種注解正好提示我們，「自然」是一個具有焦點性質的基本觀念，「自然」與各種觀念之間顯隱交錯，並且通過詩性語言的千變萬

〔註44〕　（清）王夫之著：《船山思問錄‧附錄‧老子衍》上海：上海古籍出版社2000年，頁132。

〔註45〕　（戰國）文子著，李定生、徐慧君校釋：《文子校釋》上海：上海古籍出版社2004年，頁304。

化形成了一張豐富多彩的意義網絡，其它觀念（如「道」、「德」、「天」、「人」等等）只有與「自然」觀念聯繫或統一起來才能得到恰如其分的理解，這種理解不是純粹知識意義上的理解，而是包含著對世界與人生的體驗的理解。老子說：「道常無名」（《老子》第 32 章），「道隱無名」（《老子》第 41 章）。莊子說：「道物之極，言默不足以載。」（《莊子·則陽》）這透露出，在「道」之極深極遠處，有更幽暗而富於創造性的背景──「自然」。

在對「自然」觀念的意義作進一步的闡釋之前，有必要對我們在討論中經常用到的「深」、「深刻」、「深入」等提法做一簡單說明，這一說法與「玄」有內在關聯。「玄」是老子思想甚至整個道家思想的鮮明特色，《老子》書中，屢用「玄」字，如「玄牝」、「玄德」、「玄覽」、「玄通」、「玄之又玄」等等，這些「玄」字都含有深刻、幽遠的意思。成玄英說：

> 玄者，深遠之意，亦是不滯之名。〔註46〕

沈一貫說：

> 凡物遠不可見者，其色黝然，玄也。大道之妙，非意象形稱之
> 可指，深矣，遠矣，不可極矣，故名之曰玄。〔註47〕

老子用「玄」指「道」的變化過程的微妙深遠，這個過程總是帶有幽暗的背景，需要人們不斷地體驗、想像、揣測。老子的哲學反思強調我們生活在一個世界中，這個世界是複雜的、非概念所能表述的，除此之外，沒有第二個世界。這個世界也不是靜止的，而是處於不斷的變化之中，但它絕不會變出第二個世界（超越於現象世界之上的理念的世界、本質的世界），它的變化表現為朦朧的、幽暗的、神秘的、深邃的過程。「中國哲學非常簡潔，很不分明，觀念彼此聯結，因此它的暗示性幾乎無邊無涯。」〔註48〕這在老子思想中有充分的體現，這種暗示性包含了深遠複雜的變化過程、富有創造潛力的幽暗背景、充滿詩意想像的語言空間。

第二，我們可以從認知隱喻學的角度來分析「道法自然」的內在結構，從而更深入地理解「道」與「自然」的關係，並說明「自然」所具有的豐富意義。隱喻是人類思維與現實世界互動的產物，它創造並豐富了人類的思想

〔註46〕張繼禹主編：《中華道藏》第九冊《老子道德經義疏》北京：華夏出版社 2004 年，頁 234。

〔註47〕陳鼓應：《老子注譯及評介》北京：中華書局 1984 年，頁 61～62。

〔註48〕金岳霖：《中國哲學》載《哲學研究》1985 年第 9 期。

及其語言文字體系。

> 人類本性有一個特點，人們在描繪未知的或遼遠的事物時，自
> 己對它們沒有真正的瞭解，或是想對旁人也不瞭解的事物作出說
> 明，總是利用熟悉的或近在手邊的事物或某些類似點。〔註49〕

這說明人們很早就認識到，人類思維具有隱喻性的特點，我們的整個觀念體系本身在很大程度上就是隱喻性的。

（1）隱喻的工作機制。一般而言，一個隱喻由兩個觀念系統構成，其中一個是目標域，它是隱喻的主旨或主題；另一個是喻源域，它是隱喻的中介或副題，以某種特定的方式闡釋著主題。我們以「愛情是一次旅行」這個隱喻為例，其目標域或主題是「愛情」，這是一個複雜的，需要闡釋或說明的觀念，喻源域或副題是「旅行」。在思維過程中，我們是通過喻源域來理解目標域的。首先必須對喻源域（即「旅行」）的結構有所瞭解，然後將這個結構映像到目標域（即「愛情」），所謂「映像」，可以想像成將喻源域屏幕上豐富的影像投射到目標域的屏幕上。通過映像，喻源域事物的特徵就轉移到了目標域，我們就對「愛情」產生了新的理解。

隱喻的映像過程顯示了隱喻的內部結構，這一過程中主要包括三個方面：首先，喻源域圖式（如一次旅行）映像於目標域的空槽（如愛情）。人們還可以根據這個模式對隱喻做進一步的映像和引申，例如，將旅行者看作情人，而旅行的過程總是有一定的途徑的，「途徑」映像於愛情域，就意味著我們意識到一個人在戀愛時的各個事件構成旅途中的各個點，從而對「戀愛過程」進行了隱喻的理解。

其次，喻源域（如旅行）中的各個關係映像於目標域（如愛情）的各個關係。以一個旅行者抵達他追求的目的地這個思想為例，它映像於一個人實現了愛情目的這個想法。因此「旅行者」和「目的地」關係之間的「到達」這個喻源域關係，映像於「情人」和「目的」之間的「實現」這一目標域關係。

再次，喻源域的知識映像於目標域的知識。我們對某一領域的知識使得我們可以對其進行推理。當某一領域作為隱喻映像的喻源域時，該領域的推理模式也被映像到目標域。例如，當某人走入一個死胡同，他就不能再沿這個方向前進，必須另闢蹊徑。那麼，按照這種推理，一個人如果在愛情上碰

〔註49〕　（意）維科：《新科學》朱光潛譯，北京：商務印書館1997年，頁417。

壁時，他必須另找行動的道路。〔註50〕

由隱喻映像的工作機制可知，隱喻的形成需要滿足三方面條件：首先，隱喻的喻源域是一個符號系統，這個系統是一個自主的結構；其次，隱喻的目標域是需要闡釋和深入理解的領域，它要麼是一個能被感知的物體，需要從新的更有趣的角度來認識，要麼是一個更爲複雜的觀念網絡，需要發揮想像力和創新力才能體驗到或認識到；最後，喻源域的符號系統在隱喻過程中具有穩定性，這樣才能確保在喻源域和目標域的之間形成互動認知關係，從而保證映像的有效性。

（2）《老子》第二十五章比較集中地表述了老子的思想：

> 有物混成，先天地生，寂兮寥兮，獨立不改，周行而不殆，可以爲天下母。吾不知其名，字之曰道，強爲之名曰大。大曰逝，逝曰遠，遠曰反。故道大，天大，地大，王亦大。域中有四大，而王居一焉。人法地，地法天，天法道，道法自然。

顯而易見，該章的主題就是「道法自然」，這也是老子甚至整個道家的核心命題。關於「道法自然」的讀法，歷來多有爭議，劉笑敢在《老子古今——五種對勘和析評引論》〔註51〕中將其總結爲三種讀法：道—法—自然的主—謂—賓結構；道法—自然的結構，其中「道法」是名詞作主語，「自然」是形容詞作謂語；「人法地地，法天天，法道道，法自然」，其中「人」作主語，四個「法」字並列作謂語，「地地」、「天天」、「道道」、「自然」並列作賓語。劉笑敢對這三種讀法做了比較詳細的評析，此處不再贅述。

我們採用第一種讀法來讀解「道法自然」。但同時需要指出的是，從認知語言學的角度來看，語言符號只在一定程度上是離散性的，即可以劃定明確的邊界。另一方面，語言的各級單位之間的邊界是模糊的，即具有很強的連續性。語法的四級基本單位爲語素、詞、詞組和句子，它們之間的界限往往是難以截然劃分清楚的。語言的各級單位之間的關係不僅是連續的，而且語言單位之間的搭配也有很大的限制，有很高的約定俗成性。語言是意義和形式的結合體，它們作爲不可分割的有機整體業已儲存在大腦中。〔註52〕因此，

〔註50〕 參見胡壯麟：《認知隱喻學》北京：北京大學出版社 2004 年，頁 90～92。
〔註51〕 參見劉笑敢：《老子古今——五種對勘和析評引論》北京：中國社會科學出版社 2006 年，頁 288～289。
〔註52〕 參見石毓智：《論語言表達的創新機制》載《外語研究》2007 年第 3 期。

我們不必拘泥於語法形式分析，而更需要從認知系統來研究語言，從語言在語境中的使用來探索語言，特別是漢語。正是在這個意義上，我們將「道法自然」這一命題作爲一個認知隱喻結構來理解。

①「道法自然」這個核心命題是一個隱喻，其中「自然」是目標域，是隱喻的主旨或主題；「道」是喻源域，是隱喻的中介或副題。「道」是一個符號系統，有其自主的結構；「自然」是一個更爲複雜的體系。作爲喻源域，「道」將其豐富的影像映像到目標域「自然」的屛幕之上，通過這個映像過程使我們得以從全新的角度（「道」的角度）來審視豐富多彩的世界（「自然」），它不是一個純粹的概念體系，而是一個「活」的現實網絡，萬物在其中因自身的根源得到闡釋。「道」與「自然」之間由此形成一種互動認知層層深入的關係，「道」指引出一個充滿生機活力的詩意的「自然」世界，「自然」世界自發的創造性和開放性又成爲「道」的意義的直接來源，如此循環往復，「玄之又玄」，深之又深。《老子》第十六章說：「致虛極，守靜篤，萬物並作，吾以觀復。夫物芸芸，各復歸其根。」這就是說，保持清靜，以虛心的態度靜觀萬物的循環往復，從偶然中看出必然，從雜亂中看出規則，從變化中看出合規律性。我們生活的世界就是這樣奇妙而充滿奧秘，它既不是純規則的可以完全按邏輯來推理的世界，也不是混亂的毫無章法可循的世界，而是整合了變與不變、動與靜的總體或全體。關於世界的這種深思是在寧靜的狀態下獲得的：

> 靜坐冥思不只是在溪河的動亂中悠然休止，它而且也是成爲溪河的一種方法，我們同時在白水和潮湧中安然自若。冥思也許使人出世，但也把人全身全神地放回世界中。詩有些類此，詩的經驗同時是保持距離和參與，既是遠離也是近合。〔註53〕

老子致虛守靜的沉思與此類似。這種深思通過詩的語言、詩的隱喻把我們全身全神地放回到世界中，這個世界就是「自然」的世界。

②「自然」是一個複雜的意義網絡，是「道法自然」這個隱喻的目標域、主旨或主題。宇宙萬物多姿多彩、形態各異，而且處於不斷變化之中，「自然」有「自己如此」、「順其自然」等意思，它指引人們以一種開放的態度來接納和融入我們所處的世界。宇宙萬物處在變化之流中，向著自身不斷創新，在此過程中無數次地面臨著各種各樣的可能性，宇宙萬物不斷選擇自身、生成

〔註53〕葉維廉：《道家美學與西方文化》北京：北京大學出版社2002年，頁82。

自身的過程，就是自我實現的自然而然的過程，這種自發的創造過程使整個世界充滿活力。

> 物，因為創新所以才能夠不絕於世。物有後，源源雋永，無窮無盡。更進一步，物在創新、生生、存在之路上，在展開它自身的全部內在規定的同時既展現著它自身存在的秩序，也實現宇宙天地存在的秩序。或者，物不斷地生生、創造與存在，不斷地讓自己呈現，因而在達到它自己生存、它自己存在的目的的同時，也讓宇宙天地生存、存在。物是存在、生生、運動、創造、秩序原本絕對的統一。秩序在創化中實現，創化在秩序中生發。〔註54〕

正是在這個意義上，我們說宇宙萬物都是自發創造生成的，事物之間的關係是由事物自己構成的，這一切都是自然而然的。沒有外在強加的原則，需要的只是相互順應。

因此，生活在這樣的世界之中的人也應以同樣的自然態度來觀察和對待宇宙萬物，老子說：「古之善為士者，微妙玄通，深不可識。」(《老子》第15章)遵循自然之道的人，細緻、微妙、深遠、通達，他們並不是看到了什麼超脫世界的神靈或理念，而是觀察到了事物本來的面貌。他們不是只從自己的角度出發，以單邊的方式去觀察，他們是從事物自身展開的那一面去看待事物的。「古之善為士者」的行動總是謹慎的微妙的，老子使用詩意的渾樸的語言對這些人的行為舉止進行了描述：

> 豫焉若冬涉川，猶兮若畏四鄰，儼兮其若容(帛書本作「客」)，渙兮若冰之將釋，敦兮其若樸，曠兮其若谷，混兮其若濁。孰能濁以靜之徐清？孰能安以動之徐生？保此道者不欲盈，夫唯不盈，故能蔽不新成。(《老子》第15章)

這是一個觀察、探索和創造的過程，不依賴既定的框架和模式，以這樣的眼光看世界的人從不偏執一端，驕傲自滿，反而勇敢地接受不確定性和模糊性，包容現實生活中的新奇和奧秘，以謙虛淳樸的態度接受宇宙萬物自然而然的變化。

> 這樣的人面對再混亂的局面，也能夠嫺靜對待，使之安定下來，自然清靜。這樣的人面對無生氣的局面，也能夠賦予動力，使之徐徐新生。因為這種人具有道一樣偉大的人格力量！面對一個忘我如

〔註54〕余治平：《萬物都處於生生狀態》載《中國社會科學院報》2006年2月16日。

> 愚的人，一個承擔天下一切污濁而不計較的人，他的人格力量會使
> 一切人折服。〔註55〕

物的自生自成，人的虛懷通達兩相交織、深層互動構成了「自然」的意義網絡。然而，在常規認知過程中，人們習慣於以自我爲中心，以一種無反思無批判的態度，用主客二元、分割封閉的有限思維和淺表語言，按照某些固定的模式去把握事物，將事物對象化。並因而強作妄爲，自是、自彰、自矜、自見、自伐、自大、自尊、自多、自貴、自先，切斷了自身與天地萬物往復交流、循環互動的過程，在一種人爲的非自然的狀態之中沉淪。從歷史的角度來看，春秋戰國之際「禮」的形式化、教條化反映了人們的思維深受束縛、日漸狹隘的趨勢，所以老子對「禮」進行了深刻的批判，並且進一步喚起人們對「天道」與「人道」的深入思考，而「自然」觀念正是老子用以活化和深化「天道」、「人道」的一個樞紐。

③「道」是一個符號系統，是「道法自然」這個隱喻的喻源域、中介或副題。「道」的本義是路，人行之路爲道。《說文解字》解釋「道」字說：

> 所行道也……一達謂之道。

張岱年把「道」作爲一個範疇來解釋：

> 具有一定方向的路叫作道。引申爲人或物所必須遵循的軌道，通稱爲道。日月星辰所遵循的軌道成爲天道，人類生活所遵循的軌道成爲人道。……春秋時期，有所謂天道與人道，而普通所謂道指人道而言。〔註56〕

老子提出的「道」，比天道人道等具體之道更爲根本，是天道人道的基礎。但應該注意的是，老子提出的「道」觀念並不是固定的、靜止的，老子在表達這個觀念時還在不停地苦思冥想，在思想的密林中披荊斬棘，艱難前行。因此，「道」帶有明顯的模糊性，意義豐富，可以向多方面發散。它同時帶有明顯的方向性、過程性和強大的力度感，它深深地關注並融入日常生活，喚起我們對人生的體悟，揭示生活中微妙而又新奇的一面。老子從動態的、流變的和生成的角度思考「道」的觀念，他的思想不是終極的、絕對的和獨斷的。「道」這個符號系統代表著老子對我們所生活的世界進行體悟、思考與解

〔註55〕孫以楷：《老子通論》合肥：安徽大學出版社 2004 年，頁 333。
〔註56〕張岱年：《中國古典哲學概念範疇要論》北京：中國社會科學出版社 1989 年，
頁 23～24。

釋的不懈努力。任繼愈把「道」作為一個重要的哲學觀念來解釋，他說：

> 哲學不同於其他科學，哲學不負責解決一個一個的局部具體問
> 題。哲學的全局觀點是從老子開始的，後來不斷發展豐富，才有今
> 天的哲學。道——混沌的，是樸素的。道——自然的，本來就存在。
> 道——構成萬物的原始材料。道——無形象，肉眼看不見，感官不
> 可觸摸。道——事物的規律。人、物、自然、社會都離不開道。「道」
> 是老子第一次提出的新概念，表達起來有困難，它不好描述，它是
> 「無名」、「樸」、「無象」、「無形」、「無狀之狀」、「無物之象」。「道」
> 是精神性的還是物質性的，老子沒有深說。老子的認識已經是處在
> 當時中國古代人類認識的最前沿。〔註57〕

作為一個符號系統，老子提出的「道」有如下如下四個方面的含義：

第一方面的含義是：「道」永恒存在，是天地萬物的根本和基礎。「有物
混成，先天地生。寂兮寥兮，獨立不改，周行而不殆，可以為天下母。」（《老
子》第 25 章）「道」是渾然一體的，它的存在先於天地，它寂寞無聲，空虛
無形，永恒存在，不靠外力，循環運行，永不停止。當得起天下萬物的母親。
「道沖，而用之或不盈。淵兮，似萬物之宗。挫其銳，解其紛。和其光，同
其塵。湛兮，似或存。吾不知誰之子，象帝之先。」（《老子》第 4 章）「道」
無形無象，但作用無窮，充滿創造力。不知從何而來，似乎在天帝之前就已
經存在了。「谷神不死，是謂玄牝。玄牝之門，是謂天地根。綿綿若存，用之
不勤。」（《老子》第 6 章）老子用生動的比喻說明「道」的處於永恒存在的
根本地位，具有無窮的創生能力。「道之為物，惟恍惟惚。惚兮恍兮，其中有
象；恍兮惚兮，其中有物。窈兮冥兮，其中有精；其精甚真，其中有信。」（《老
子》第 21 章）「道」雖然恍惚玄奧，但卻是真實存在的，它是包含了確定性
與不確定性的全體。《莊子‧大宗師》對此有所詮釋：「夫道有情有信，無為
無形。可傳而不可受。可得而不可見。自本自根，未有天地，自古以固存。」
「道者，萬物之奧（「奧」帛書甲乙本均作「注」）。」（《老子》第 62 章）說
明「道」是萬物深藏的地方。總之，「道」生養天地萬物，先於萬物而獨立存
在。「道」是最根本的存在，也是萬物得以存在的最深的根據。

第二方面的含義是：「道」運行不止，生生不息。「道」「獨立不改，周行
而不殆……強為之名曰大。大曰逝，逝曰遠，遠曰反。」（《老子》第 25 章）

〔註57〕任繼愈：《老子繹讀‧前言》北京：北京圖書館出版社 2006 年，頁 3。

「道」自發地循環運行，毫不停歇。它是一個流動變化的過程，在這個過程中，事物自身得以展現出來，萬物的特殊性和複雜性充分呈現。「大」、「逝」、「遠」、「反」是對「道」運行過程的描述：

> 《老子》此文大，即有通達義，與逝、遠、反（返）諸義相應。「大曰逝」下三曰字，義皆與而同，猶言「大而逝，逝而遠，遠而返」也。大、逝、遠、反，此宇宙萬物循環變化之總原理，亦即常道。反字最當留意，道之所以循環變化於無窮，正由能反。故四十章云：「反者道之動。」如不反，則為直線式之變化，終有窮盡之時。老、莊論理，皆極圓融，關鍵就在能反。〔註58〕

在《老子》書中「反」與「常」非常重要的字眼，它們說明了「道」自發的運行過程以及「道」在此過程中保持動態平衡的能力。「致虛極，守靜篤。萬物並作，吾以觀復。夫物芸芸，各復歸其根。歸根曰靜，是謂覆命，覆命曰常，知常曰明。不知常，妄作，凶。知常容，容乃公，公乃王，王乃天，天乃道，道乃久。沒身不殆。」（《老子》第16章）老子以虛心的態度靜觀萬物循環往復，宇宙萬物紛繁複雜，各有變遷，但最後都是在「道」的過程中展現自身。而人們只有對這個自發的運行過程有所體驗和認識，才能突破狹隘的自我拘限，順應萬物的生長變化。這樣符合自然，才能長久。「大道泛兮，其可左右。萬物恃之而生而不辭，功成不名有。衣養萬物而不為主，常無欲可名於小；萬物歸焉而不為主，可名為大。以其終不自為大，故能成其大。」（《老子》第34章）「道」是萬物生生不息的根本，它服務於萬物，是卑下的，而萬物歸附於它，因此它又是偉大的。「本章說明『道』的作用。『道』生長萬物，養育萬物，使萬物各得所需，各適其性，而絲毫不加以主宰。這裡，藉『道』來闡揚順任自然而『不為主』的精神。」〔註59〕「昔之得一者，天得一以清，地得一以寧，神得一以靈，谷得一以盈，萬物得一以生，侯王得一以為天下貞。」（《老子》第 39 章）這裡的「一」指「道」，它是一個相互關聯、和諧運轉的整體，其中一切事物都互相依賴，不可分割。天、地、神、谷、萬物、侯王的存在都離不開「道」。「道生一，一生二，二生三，三生萬物。萬物負陰而抱陽，沖氣以為和。」（《老子》第42章）這一章說明「道」從混沌狀態逐步分化生出萬物，這是一個複雜難言的過程，老子用一、二、

〔註58〕 王叔岷：《先秦道法思想講稿》北京：中華書局 2007 年，頁 37～38。
〔註59〕 陳鼓應：《老子注譯及評介》北京：中華書局 1984 年，頁 202。

三作大致的描述，它表明「道」有極強的連續性、創生能力和繁衍能力。由「道」生成的宇宙萬物是陰陽轉化、對立統一的。

第三方面的含義是：「道」是「德」的根本。「孔德之容，惟道是從。」(《老子》第 21 章)「德」就是得到，它從屬於「道」。萬物本於自然之道而得以成長，參與了「道」的運行，獲得一種不得不然的自我展現的力量。因此，「德」是植根於「道」之中的，老子將其稱為「玄德」。「道生之，德蓄之。物形之，勢成之。是以萬物莫不尊道而貴德。道之尊，德之貴，夫莫之命而常自然。故道生之，德蓄之；長之育之，亭之毒之，養之覆之，生而不有，為而不恃，長而不宰，是謂玄德。」(《老子》第 51 章) 這一章討論在「道」的運行過程中，「道」和「德」的關係，「道」生養萬物，「德」是對「道」的服從與保持，它保持了萬物的特殊性，同時又不攪擾「道」的循環運行。它與「道」有著深層的聯繫，「玄德深矣，遠矣」(《老子》第 65 章)。關於「德」，在《老子》書中還有「廣德」、「上德」、「建德」、「孔德」、「常德」等說法，但還是以「玄德」的說法為主。老子在體察「道」運行的連續性與循環性的同時，也以開放的心態迎接宇宙萬物的特殊性和創造性，用「玄德」加以描述形容，這充分體現了老子在思索宇宙、人生時，其思想所具有的深度與廣度。

第四方面的含義是：「道」不可名狀，不能通過下定義的方式來指定。「吾不知其名，字之曰道。強為之名曰大。大曰逝，逝曰遠，遠曰反。」(《老子》第 25 章)「道」不能單靠語言就表述清楚，它是無限的，是活生生的過程，需要參與，需要體驗，需要靜觀與深思。

> 道之全體大用，非片詞只語所能名言；多方擬議，但得梗概之略，迹象之粗，不足為其定名，亦即「非常名」，故「常無名」。苟不貳不測之道而以定名舉之，是為致遠恐泥之小道，非大含細入、理一分殊之「常道」。蓋可定者乃有限者也。〔註60〕

淺表語言的過度使用，使「道」失去活性，變得過度抽象化、概念化、形式化、教條化，從而背離世界、人生和精神的多樣性、變化性的特點。「道可道，非常道；名可名，非常名」說明老子對語言始終保持著高度警覺和深入探索的態度。他對「道」的論說方式十分謹慎，認為「道」不能在淺表的語言中得到揭示，對「道」的討論應該在更深的層次上進行，所以他說：「道常無名」,(《老子》第 32 章)「大象無形，道隱無名」。(《老子》第 41 章)「道」

〔註60〕錢鍾書：《管錐編》(第一冊) 北京：中華書局 1979 年，頁 409～410。

「周行不殆」，始終處於建構運行之中，因此，「道」具有開放性的特徵，正如成玄英的注疏所說：「道以虛通爲義」〔註61〕另一方面，「道」也不同於任何具體的事物，它看不見、聽不見、摸不到、抓不住，「視之不見名曰夷，聽之不聞名曰希，搏之不得名曰微。此三者不可致詰，故混而爲一，其上不皦，其下不昧，繩繩不可名，復歸於無物。是謂無狀之狀，無物之象，是謂惚恍。迎之不見其首，隨之不見其後。執古之道以御今之有，能知古始，是謂道紀。」（《老子》第14章）「道」無形無象，就在我們身邊，它爲我們的生活提供的意義，比我們的感官和心智所知覺到的要更加豐富和深入。換句話說，我們認爲理所當然的感官和心智只爲我們提供了日常生活意義的冰山一角。而更深入更微妙的層次還有待我們去體驗和發掘，這是自我實現的歷程，對於每個人來說都是特殊的、唯一的經歷，沒有普遍的規則或既定的原理。只有全身心地融入宇宙萬物流動變化的過程中，才能體驗「道」的指引和力量。因此「道」是惚恍的，是萬古常新的。這是「道」的微妙之處，也正是「道」的綱紀所在。

　　④如上所述，「道法自然」是一個隱喻。它包括兩個部分，「自然」是一個複雜的意義網絡，「道」是一個符號系統，前者是主題或目標域，而後者是副題或喻源域。隱喻之所以形成，是因爲副題這個符號系統的特徵映射到了主題的意義網絡之上，主題和副題之間構成互動認知的關係。副題作爲一個符號系統，其意義經過選擇和強調之後映射到主題上，而主題將副題的諸多意義加以過濾和篩選。通過這種互動，主題與副題二者相互影響，建立了與主題有關的新的意義系統。具體到「道法自然」這個隱喻來說，「自然」包羅萬象，自我運行，在其中一切存在形式按其本來面目展現自身。「道」具有萬物的根本和運行不已等含義，「道」的豐富含義映射到「自然」之上，「自然」的意義與「道」發生聯繫，逐漸變得明朗起來，就如同在「自然」的大地之上開闢出路徑一樣。通過主題「自然」與副題「道」的互動，建立了一個隱喻，這個隱喻是爲了探索宇宙萬物的奧秘，探索人類生活的現實世界，是一個深入認知的過程。老子並不打算爲「自然」、「道」下一個明確的令人信服的定義，他只是通過這些觀念引導我們去探索、去實踐，去與現實生活中的人和事打交道，以充滿智慧和創造性的方式對待這一切。

〔註61〕張繼禹主編：《中華道藏》第九冊《老子道德經義疏》北京：華夏出版社 2004年，頁 233。

簡單地說，「道法自然」這個隱喻的動力可表示為：「自然」＋「道」＝
新的與「自然」相關的意義，亦即自然之道，它指引人們在現實生活中不斷
地去探索、去體驗、去實踐。

在「道法自然」這一隱喻創造的與「自然」相關的更深層的意義中，最
重要的是「常」與「有無」，它們都是對自然之道的運行過程的深入說明。

「常」有正常、恒常、長久的意思。「致虛極，守靜篤，萬物並作，吾以
觀復。夫物芸芸，各復歸其根。歸根曰靜，靜曰復命，覆命曰常。」（《老子》
第 16 章）這是對「道」循環往復的運行過程的描述，所謂「歸根」、「覆命」
是說萬物處於存在與變化的過程中，在其中展現自身，從而得其性命之本真，
事物在獲得自身特殊性的同時，也參與到萬物整體的變化之流中。

> 因為道體是虛靜的，所以能總攝萬事萬物；人總是體道而行能
> 致虛至於靜，守靜至於篤，則世間的萬事萬物，也容易觀察出事物
> 的根源。不要看萬物是芸芸之多，到後來還是各返原始，也就是「各
> 復其根」了。歸根就叫做「靜」，也叫做「覆命」，就是受於自然的
> 還返於自然。這是一種常道，故曰「常」。〔註62〕

萬物受於自然又返於自然，這種常態，這種動態的平衡，是「常」的最重要
的含義。從認知隱喻學的角度來看，這是「大」、「逝」、「遠」、「反」循環運
行的「道」的影像映像到「自然」網絡之上，經過選擇、強調和壓縮，提煉
出與「自然」相關的「常」這個意義。「常」凸顯並深化了「自然」觀念，它
從運動、流動、變化著眼來描述現實世界，這樣的世界是具有多維度的、動
態的、相互關聯的網絡，人作為觀察者和體驗者是這個複雜網絡的一員，也
是世界運行過程的一環。因此，現實世界自己如此、自然變化的趨勢是不以
人的意志為轉移的，人應該融入其中，明察並順從世界的運行狀態和趨勢，
掌握最佳狀態和良性趨勢，所謂「知常曰明。不知常，妄作，凶。」（《老子》
第 16 章）整個觀察體會的過程必須要謹慎和謙虛，「希言自然，飄風不終朝，
驟雨不終日。孰為此者？天地。天地尚不能久，而況人乎。」（《老子》第 23
章）「『希言自然』，蓋謂少言自然，自然不易言也。天地尚有不自然之時，而
況於人乎！」〔註63〕少言「自然」也就是慎言「自然」的意思，對天地萬物
「自然」常態的把握需要深入地體會和觀察，所以老子特別強調：「慎終如始，

〔註62〕張默生：《老子章句新釋》濟南：山東文化學社 1933 年，頁 20。
〔註63〕王叔岷：《先秦道法思想講稿》北京：中華書局 2007 年，頁 54。

則無敗事。是以聖人欲不欲，不貴難得之貨；學不學，復眾人之所過，以輔萬物之自然而不敢為。」（《老子》第 64 章）只有始終謹慎，不強作妄為，順自然之勢，才能糾正眾人常犯的過錯，輔助萬物自然變化。

　　「有無」也是與「自然」觀念密切相關的。「自然」的首要意義是萬物自發運行，這種運行是通過「道」來描述的，「道」之所以能夠運動，在於其能「反」，所謂「反者道之動，弱者道之用。天下萬物生於有，有生於無。」（《老子》第 40 章）「道」總是向著相反的方向循環運動，這是「道」最重要的特徵。「反」的動力來自於「有無」，「有無」相互依存、對立統一，形成一種永恆運動的態勢，「自然」就從二者的動態平衡之中生長出來。「有無」是兩種反對的因素、力量和趨勢，是有形與無形、確定性與不確定性、偶然性與必然性、可預測性與不可預測性的總括。「有無」並非兩個截然分開的東西，而是同一個過程的兩面，二者的關係正如泰戈爾的詩所描繪的：「根是地下的枝。枝是空中的根。」〔註 64〕從不同的角度去觀察同一個過程，就產生了有與無這樣對立的、相反的方面，事物創始和創造的過程是「從無到有」的生長過程，同時也是「從有到無」漸趨衰竭的過程。通過「有無」對立統一、循環變化，一個具有深度和充滿創造性的世界呈現出來，這就是我們生活的樸素的現實世界，有聚有散、有生有死。《老子》第一章反覆強調「有無」對立統一的重要觀點：「無名天地之始，有名萬物之母。故常無欲以觀其妙；常有欲以觀其徼。此兩者同出而異名，同謂之玄。玄之又玄，眾妙之門。」現實世界中的萬事萬物是從「有無」對立統一的張力狀態中展示自身的，人們也應該從「有無」的角度來認識世界，用「無」去瞭解「道」的奧妙，用「有」去體會「道」的創造。「道」本身的運行、宇宙萬物自身的展開、人們對事物的體會與理解都與「有無」對立統一、循環運行緊密相關。人對世界的認識不應該執著於「有」或「無」的偏見，而是應該全面地看到整個過程的更深層，立足於天地萬物靈動變化的洪流，又虛心體察，融會貫通，充滿慧識。

　　第三，老子提出「自然」、「道」等觀念具有明顯的指引作用，它指引人們改善自身的實踐活動，所謂「上士聞道，勤而行之。」（《老子》第 41 章）王弼對《老子》思想主旨的論述也強調了這一點：

　　　　《老子》之文，欲辯而詰者，則失其旨也；欲名而責者，則違

〔註 64〕　（印度）泰戈爾：《泰戈爾詩選·飛鳥集》謝冰心、石真、鄭振鐸等譯，北京：
　　　　人民文學出版社 1958 年，頁 512。

> 其義也。故其大歸也，論泰始之原以明自然之性，演幽冥之極以定
> 惑罔之迷。因而不爲，損而不施；崇本以息末，守母以存子；賤夫
> 巧術，爲在未有；無責於人，必求諸己；此其大要也。〔註65〕

老子探索自然之道，平息人們的困惑，引導人們順從最根本和最重要的自然
之道，使人們明白自己應該如何行動，所以，「無責於人，必求諸己」的行爲
問題是老子思想的落腳點。司馬貞《史記‧儒林轅固生傳‧索隱》說得更爲
簡明：「《老子》道德篇，雖微妙難通，然近而觀之，理國理身而已。」老子
是史官出身，推天道以明人事是老子對史官傳統的繼承。

　　從「道法自然」的意義來看，人也處在自然之道的變化過程之中，是整
體變化中的一環，因此，自然之道的運行變化構成了人們行爲的基礎，人的
行爲應該自覺地效法地、天、道、自然。

> 所謂「人法地，地法天，天法道，道法自然」，決不能理解爲人
> 只能法地，不能法天、法道、法自然，而應當理解爲人既需要法地，
> 因地法天，人亦需法天，因天法道，人亦需法道，最終是人法自然。
> 而人法自然，則往往需觀察天如何法道，地如何法天，人又如何法
> 地，來逐步加深，循序漸進，最終爲人法自然。〔註66〕

老子提出了「自然」的行爲方式，用以修身治國，簡單地說，可將其歸結爲
「無爲」、「無知」、「無欲」。三者都表現爲順應與尊重「自然」運行的趨勢，
從而在「自然」與人之間建立一種和諧的關係，這些都是老子思想的突出特
點和創造性所在。

　　我們從老子語言表達的角度來看「道法自然」觀念對現實生活中的人們
行爲的指引作用。認知語言學認爲我們的觀念系統中存在三個不同的概念
域：行域、知域、言域：

> 「行」指行爲、行狀，「知」指知識、認知，「言」指言語、言
> 說。語言中有許多表示這三個概念之間關係的詞語：在知行關係上，
> 有「不行而知」，「知先行後」，「知易行難」，「知行合一」，「知之不
> 若行之」等；在言行關係上，有「言行一致」，「言行相顧」，「言行
> 不一」，「行勝於言」，「聽其言而觀其行」等；在知言關係上，有「知
> 而不言」，「知無不言」，「言不盡意」等。這些詞語的存在證明我們

〔註65〕王弼著，樓宇烈校釋：《王弼集校釋》北京：中華書局 1980 年，頁 196。
〔註66〕孫以楷：《老子通論》合肥：安徽大學出版社 2004 年，頁 373～374。

的概念系統中存在三個不同的概念域，即行域、知域、言域。反過
來，這三個概念域之間的區別和聯繫在語言的許多方面都有反映。
〔註67〕

從行域、知域、言域的區別和聯繫來理解《老子》書，老子是以行域爲中心，
對知域和言域進行深刻的批判性反思，進而反常識、反常規地運用語言，挑
戰人們的淺層思維和淺表語言，具有極大的顛覆性和創造性意義。正是在這
個意義上，老子說：「上士聞道，勤而行之。中士聞道，若存若亡。下士聞道，
大笑之。不笑不足以爲道。」（《老子》第 41 章）

　　老子非常重視人的行爲，他提出「道」、「自然」等觀念並不是爲了建立
純粹的思想體系，而是要爲人的行爲提供有效的支持，因爲與人的行爲緊密
相關的是探究和解決問題的視角，審視應該如何行動的眼光，理解身邊發生
的事件並做出評價、進行反思和批判的能力。所以正確的行爲建立在人們對
自身、他人和現實世界進行深刻觀察和體悟的基礎之上。老子說：

　　　　天下有始，以爲天下母。既得其母，以知其子。既知其子，復
　　守其母，沒身不殆。塞其兌，閉其門，終身不勤。開其兌，濟其事，
　　終身不救。見小曰明，守柔曰強。用其光，復歸其明，無遺身殃，
　　是爲襲常。（《老子》第 52 章）

在這一章中老子明確論述守「道」的人應該如何行動，要領就是「襲常」，承
襲「道之常」，亦即尊崇並順承自然之道。「常」是「道」的循環運動過程及
其態勢的總稱，具體來說，在行動過程中不能逆道而行，而是要虛心、深入
體會、謹慎柔弱，就是要「塞其兌，閉其門」、「明」和「守柔」。第十六章強
調「致虛極，守靜篤」也是這個意思。因此，在老子看來，一切行爲都應以
因順自然之道爲依歸。老子說：「吾言甚易知，甚易行。」（《老子》第 70 章）
只要順從自然之道流動變化的趨勢，就能很容易地理解說話、做事的宗旨所
在。反之，則是「不知常，妄作，凶。」（《老子》第 16 章）「妄作」的反面
是「無爲」，「無爲」是一種自覺地融入「常道」的行爲。在《老子》書中「無
爲」是聖人以及修道之士修身、治國所遵循的道理。《文子·自然》曰：「所
謂無爲者，……循理而舉事，因資而立功，推自然之勢。」老子說：「道常無
爲而無不爲。侯王若能守之，萬物將自化。化而欲作，吾將鎮之以無名之樸。

〔註67〕沈家煊：《複句三域「行、知、言」》載《中國語文》2003 年第 3 期。另參見
　　　　沈家煊《三個世界》載《外語教學與研究》2008 年第 6 期。

無名之樸，夫亦將不欲。不欲以靜，天下將自定。」（《老子》第37章）這說明侯王應該順守「道」的運行而不妄作，萬物將在「道」自發運行的過程中充分展現自身。如果侯王所守的「道」漸趨封閉，以自我私欲爲中心，將要有所作爲，這時就需要用自然之道來制止。其中「化而欲作」是有爲，「無爲」能夠消解有爲的封閉性，將其融入自發自動的開放系統之中，因此說「鎮之以無名之樸」，也就是鎮之以「無爲而無不爲」的「常道」。制止欲望，走向安靜，天下將自然而然地穩定下來。除了「無爲」，老子還奉行「無知」、「無欲」，也將其作爲修身治國的根本。所謂「無知」就是批判性、反思性的深層的大知，與斤斤計較的小智恰好相反。「無欲」則是指「見素抱樸，少私寡欲。」（《老子》第17章）「爲學日益，爲道日損，損之又損，以至於無爲。」（《老子》第48章）與自然之道相統一的知識，是順隨「道」的變化的慧識，不是靜止封閉的規則性或原理性知識。因此，它需要取出私欲，不斷地批判與反思，不斷地隨著「道」變化，也就是不斷地去「損」。

「無爲」、「無知」、「無欲」是老子從「道法自然」的深度提出的人的行爲和推理方式，它們從行動、知識、語言等方面揭示了自然之道的運行過程對人類社會的影響，並引導人們以健康的、富於創造性的態度順應自然之道。

小　結

本章討論「自然」觀念的意義，第一節首先論述對「自然」觀念的傳統解釋，然後論述了認知語言學和認知隱喻學的方法論意義，爲進一步解析「自然」觀念奠定基礎。第二節用認知語言學和認知隱喻學的方法解析「道法自然」這個核心命題。現將「自然」觀念的意義總結如下：

第一，中國古代思想的總體特點表現爲一元的和諧論，它注重探索事物自發運行的過程，關注事物的整體性和關聯性，欣賞天地萬物和諧運轉的美，認爲人類與人類所處的世界具有一致性，人的行爲應該與天地萬物的運行保持一致。「自然」觀念充分展現了一元的和諧論，對「自然」觀念的討論有助於我們深入認識中國古代思想的總體特徵。

第二，「自然」觀念具有不可定義性，它是一個複雜的、開放的意義網絡，我們應該從動態的意義而非實體的意義上來理解它。它的提出代表著老子對「道」的苦心孤詣的深入探索。因此，不能離開「道」來孤立地探索「自然」。

第三，隱喻是人類思維與現實世界互動的產物，從觀念不斷深入的意義

上說，所有思想都是隱喻性的。「道法自然」這個重要命題是一個隱喻結構。其中，「自然」是一個複雜的意義網絡，是「道法自然」這個隱喻的目標域或主題；「道」是一個符號系統，是「道法自然」這個隱喻的喻源域或副題。在隱喻過程中，喻源域「道」的豐富影像映像到目標域「自然」之上，主題與副題（目標域與喻源域）二者互動，產生了與主題「自然」相關的新意義。這些新意義中，最重要的就是「常」、「有無」。「常」的主要含義是自然之道運行過程中的動態平衡。「有無」的主要含義是自然之道運行過程中相互依存、對立統一的兩方面，它們共同構成了自然之道永恒運動的態勢。

第四，「自然」觀念的基本含義是自己如此和順其自然，它具有明顯的指引力量，引導人們改善自身的行為。老子從「道法自然」的深度提出「無為」、「無知」、「無欲」作為人們行為和推理的方式，從行動、知識、語言等方面引導人們與「自然」建立良好的關係。

第五，老子「自然」觀念的意義是通過「自然」與「道」二者互動展開的，在此過程中，有明顯的史官推天道以明人事的思維傾向。清末劉熙載評論蔡邕的書法藝術時說：

> 蔡中郎但謂書肇於自然，此立天定人，尚未及乎由人復天也。
> 〔註68〕

我們借用這個評論來說，則老子「自然」觀念主要是「立天（自然）定人」而尚未及「由人復天（自然）」。他指出人的行為是從自然之道的運行過程中發源的，自然之道規定了人的行為。而莊子激進地發展了老子的「自然」觀念，發掘出其中的超越性意義，完成了從「立天定人」到「由人復天」的深層循環。

〔註68〕《藝概・書概》參見朱良志編著：《中國美學名著導讀》p328。

第四章　莊子的「自然」觀念

　　莊子是中國思想史上最有激情和創造性的思想家，他學識淵博，言談深邃，其思想繼承老子又超越老子，是老子最純正的精神後裔，是道家的中心人物，「是使道家真正成爲了一個學派與儒、墨鼎足而三的一個人。」〔註1〕莊子生活的戰國中期是中國歷史上最爲有生機同時也是最爲混亂的時代，社會階層急劇分化、列國征戰激烈殘酷、政治鬥爭此起彼伏、各種學說爭長論短。正所謂：「今世殊死者相枕也，桁楊者相推也，刑戮者相望也。而儒墨乃始離跂攘臂乎桎梏之間。噫，甚矣哉！其無愧而不知恥也甚矣！」（《莊子·在宥》）莊子自己也說：「今處昏上亂相之間，而欲無憊，奚可得邪？此比干之見剖心徵也夫！」（《莊子·山木》）處在這樣的時代，莊子的內心必然經歷過一番洗練，從而對於變幻莫定的世事有切身的體會，對宇宙人生有深沉的思考：

　　　　莊子哲學是它的時代的產物，它是深刻的、悲哀的；它意識到人
　　在現實中被扭曲異化，並且意識到這種扭曲和異化伴隨文明而來，具
　　有不可避免的性質：它的超然，是因爲它太認真、太高傲了，它的避
　　世，是因爲它太理想主義、太純粹了。不過，也正是這種超越精神，
　　構成了莊子人生哲學中最有特色，最有價值的部分。〔註2〕

〔註1〕《中國古代社會研究（外二種）·十批判書·莊子的批判》p621。郭沫若認爲：
　　　　「莊子是從顏氏之儒出來的，……他在黃老思想裏面找到了共鳴，於是與儒、
　　　　墨鼎足而三，也成立了一個思想上的新的宗派。」p628 這個論斷卻不見得就
　　　　是正確的。
〔註2〕孫以楷、甄長松：《莊子通論》北京：東方出版社1995年，頁4～5。

莊子哲學具有深刻性，也反應著春秋戰國之際的時代精神，「自然」觀念是莊子從老子那裡繼承的最大一筆精神財富，也是莊子思想的核心，莊子對「自然」之意義的闡發充分體現出其思想所具有的超越精神。

本章討論莊子的「自然」觀念，第一節論述莊子與老子思想的關係，莊子對老子的繼承和超越表現在哪些方面，並進而探討莊子思想的創造性。第二節論述莊子「自然」觀念的意義；莊子「自然」觀念與老子的「自然」觀念相比，在哪些方面有所變化，表現出什麼樣的特點。在討論過程中，為加深認識，我們還將繼續運用認知科學、認知語言學和認知隱喻學的方法分析莊子「自然」觀念的某些方面。

第一節　莊子對老子思想的繼承與深化

1. 莊子對老子思想的繼承

《史記・老子韓非列傳》記載莊子的思想學術說：

> 莊子者，蒙人也，名周。周嘗為漆園吏，與梁惠王、齊宣王同時。其學無所不窺，然其要本歸於老子之言。故其著書十餘萬言，大抵率寓言也。作《漁父》、《盜跖》、《胠篋》，以詆訿孔子之徒，以明老子之術。《畏累虛》、《亢桑子》之屬，皆空語無事實。然善屬書離辭，指事類情，用剽剝儒、墨，雖當世宿學不能自解免也。其言洸洋自恣以適己，故自王公大人不能器之。

由此可見，莊子的學問非常淵博，其學術涉獵範圍很廣，但其思想的主要來源是老子一派道家。莊子的著作也不再是《老子》式的格言體，而是汪洋恣肆的長篇大論，批判當時流行的儒、墨思想，闡揚老子的學說。《史記・老子韓非列傳》的讚語說：「太史公曰：老子所貴道，虛無，因應變化於無為，故著書辭稱微妙難識。莊子散道德放論，要亦歸之自然。」老子探討「道」，強調「無為」，推天道以明人事，書中的道理十分深奧。莊子創造性地發揮了老子的思想，「其言洸洋自恣」，但總是以「自然」為旨歸。司馬遷敏銳地指出，莊子以「自然」為中心繼承和發揮了老子的思想。如果說老子一直對「道」進行著深入的探索，在此過程中提出了「自然」觀念，那麼，老子之後，道家學說經過傳承，在莊子這裡得到了創造性的發揮，以「自然」觀念為中心的深層思考結出了碩果。

司馬遷沒有提到過莊子的師承，關於莊子的師承至今也沒有確切的說法：

> 史遷之後，關於莊周的師承，大約有四種說法：成玄英《莊子序》謂長桑公子，此為一說。韓愈疑莊周原是儒家，出自田子方之門，王闓運《莊子內篇注》敘曰：「莊子受學於田子方，子方為子夏門人。」此二說也。郭沫若《十批判書》疑莊子為「顏氏之儒」，此三說也。近人也有認為庚桑子是莊子師的，此為四說。這四種說法，皆不足信。〔註3〕

由於缺乏堅實的文獻證據，對莊子的師承主要是根據《莊子》書進行推測：

> 觀《莊子》三十三篇，其所記道家人物數不勝數，如果莊周學有所師的話，似乎應是這眾多道家人物中的一個，我認為他就是南伯子綦。這固然沒有直接的證據，但較之長桑公子、田子方、顏氏之儒和庚桑楚，則南伯子綦不失為最合適的人選。南伯子綦不僅可能是莊子師，且可能是老聃在秦的嫡傳弟子。〔註4〕

老子思想和《老子》書的傳播有一個鮮為人知的過程，它主要是通過與道家思想關係密切的隱士階層進行傳播的，《莊子》書中對隱士們的活動有許多記載，這個階層是道家思想賴以存在的重要社會基礎。這些隱者：

> 既具有博古通今的歷史教養，又與現實權力鬥爭保持一定距離，因而有可能深觀社會矛盾運動，冷靜分析和總結歷史經驗；同時，他們退隱在野，貴己養生，不慕榮利，乃至傲視王侯，因而可能較多地接觸社會現實，瞭解民間疾苦，關心生產科學，乃至成為時代憂患意識、社會批判意識的承擔者，或「以德抗權」、「以道抑尊」的代表人物……老聃、老萊子、楊朱、子華子、列子、莊周，以及《莊子》書中所記北昏瞀人、南郭子綦等道家人物，乃是這類隱者中的思想代表。〔註5〕

莊子的師承雖渺茫難知，但是，我們可以確定莊子是春秋戰國社會時期龐大的隱者集團中的一員，與其他隱者處於大體相似的社會境遇之中，他很少參與政治活動、學習並繼承了「古之道術」中保存下來的優秀傳統、熟悉老子的思想、有知識、有智慧、對宇宙人生進行著不懈的思考。

〔註3〕孫以楷、甄長松：《莊子通論》北京：東方出版社 1995 年，頁 82。
〔註4〕孫以楷、甄長松：《莊子通論》北京：東方出版社 1995 年，頁 87。
〔註5〕蕭萐父：《吹沙集》成都：巴蜀書社 1991 年，頁 153～154。

　　從《莊子》書對老聃言行的記載來看，莊子對老子的生平和思想有詳細的瞭解，他本人對老子也充滿敬意。除此之外，莊子對儒家、墨家以及當時的其它學派都有深入的研究。但是，莊子的理想是闡揚「大道」或「古之道術」，探究天地的純美和古人的全貌，因而其思想既有繼承性，又富於批判性和創造性，從不未經反思就照搬照抄某家某派的現成說法。《莊子・天道》說：

> 古之明大道者，先明天，而道德次之；道德已明，而仁義次之；仁義已明，而分守次之；分守已明，而形名次之；形名已明，而因任次之；因任已明，而原省次之；原省已明，而是非次之；是非已明，而賞罰次之；賞罰已明，而愚知處宜，貴賤履位，仁賢不肖襲情。必分其能，必由其名。以此事上，以此畜下，以此治物，以此修身，知謀不用，必歸其天。此之謂大平，治之至也。故書曰：「有形有名。」形名者，古人有之，而非所以先也。古之語大道者，五變而形名可舉，九變而賞罰可言也。驟而語形名，不知其本也；驟而語賞罰，不知其始也。倒道而言，迕道而說者，人之所治也，安能治人！驟而語形名賞罰，此有知治之具，非知治之道。可用於天下，不足以用天下。此之謂辯士，一曲之人也。禮法數度，形名比詳，古人有之。此下之所以事上，非上之所以畜下也。

在莊子看來，「古之大道」是能得天地之大全的通觀慧見，是有根本有次第可循的。古代講求大道的人，要經過五個層次的轉變才提出形名，要經過九個層次的轉變才講到賞罰。因此，對大道的探索必須要明白其來龍去脈，不能只抓住細枝末節而不知源頭根本所在。莊子所強調的這個根本，簡而言之就是「天」，郭象在此注解說：「天者，自然也。自然既明，則物得其道也。」成玄英疏曰：「此重開大道次序之義。言古之明開大道之人，先明自然之理。爲自然是道德之本，故道德次之。」莊子的思想以「自然」觀念爲基礎，「自然」也就是「天」，所謂「天即自然」。〔註6〕《莊子・天地》說：「德兼於道，道兼於天。」成玄英疏曰：「雖有此德，理須法道虛通，雖曰虛通，終歸自然之術。斯乃理事相包，用不同耳。是故示本能攝末，自淺之深之義。」這就強調「道」、「德」的修養有一個由淺入深的過程，虛通之道統攝於「天」，亦即「自然」。莊子提出「道兼於天」、「天即自然」等命題，深化了老子「道法自然」的思想。

〔註6〕參見王叔岷：《莊學管窺》附錄《莊子佚文》北京：中華書局 2007 年，頁 239。

《莊子‧天下》對老子的思想有比較集中深入的認識：

> 以本爲精，以物爲粗；以有積爲不足；澹然獨與神明居。古之
> 道術有在於是者，關尹、老聃聞其風而悅之。建之以常無有，主之
> 以太一。以濡弱謙下爲表，以空虛不毀萬物爲實。關尹曰：「在己無
> 居，形物自著。其動若水，其靜若鏡，其應若響。芴乎若亡，寂乎
> 若清。同焉者和，得焉者失。」未嘗先人而常隨人。老聃曰：「知其
> 雄，守其雌，爲天下谿。知其白，守其辱，爲天下谷。」人皆取先，
> 己獨取後。曰：「受天下之垢。」人皆取實，己獨取虛。無藏也故有
> 餘。歸然而有餘。其行身也，徐而不費，無爲也而笑巧。人皆求福，
> 己獨曲全。曰：「苟免於咎。」以深爲根，以約爲紀。曰：「堅則毀
> 矣，銳則挫矣。」常寬容於物，不削於人。可謂至極。關尹、老聃
> 乎，古之博大眞人哉！

這段精彩的評論指出老子思想的宗旨是「建之以常無有，主之以太一」，老子思想的中心建立在有無統一的「道」的基礎之上，在宇宙萬物運行不息的過程中，老子關注「有」與「無」既對立又統一的特點。在「有」與「無」二者之中，老子著重闡發「無」的意義。在宇宙萬物對立運轉的過程中，老子更偏向於「反」或「弱」的那一方。老子將這種思想貫徹到現實生活之中，涉及行動、語言、知識等諸多方面，提出「反者道之動」、「弱者道之用」、「正言若反」、「無知」、「無爲」、「無欲」等一系列觀念，引導人們變換觀察事物的角度，不斷反思玄妙的「道」，以謙虛寬容的胸懷接納變化著的世界。莊子對老子思想進行了高度的評價，「可謂至極。關尹、老聃乎，古之博大眞人哉！」「可謂至極」一句，有的版本作「雖未至於極」。王叔岷說：

> 然述老子，稱其「可謂至極。」較之莊子，實未至極。日本高
> 山寺舊鈔卷子本《莊子》及宋陳碧虛《南華眞經闕誤》引江南李氏
> 本、文如海本「可謂」皆作「雖未」，是矣。蓋老子道術尚未至極，
> 莊子乃可謂至極耳。然莊子絕不自以爲至極者也。其學實「未之盡
> 者。」〔註7〕

從某些較古的版本保存的文字來看，莊子並不認爲老子的思想達到了最高至上的境地，「雖未至於極」說明莊子對老子的評價是有所保留的。王夫之從整體上比較了老莊思想，指出從莊子思想的遼闊視野來看，老子思想還有一定

〔註7〕王叔岷：《先秦道法思想講稿》北京：中華書局 2007 年，頁 116。

的局限，他說：

> 謂之博大者，以其爲谿谷而受天下之歸也。眞人者，謂得其眞
> 也。空虛則自不毀物，而於天均之運，有未逮也。故贊之曰眞人，
> 意其未至於天。〔註8〕

王夫之認爲莊子思想的根本是「天均」，也就是萬物自然運行的均衡態勢，「大本者，天均也。萬物皆從大本生。」〔註9〕而老子思想「空虛則自不毀物」，以「有物混成」論「道」，執著於「道」的實體性，還有迹可尋，其推天道以明人事的思維方式有包容陰謀的潛在可能，沒有達到莊子思想所具有的超越性高度，因此王夫之認爲老子思想「未至於天」。

《莊子·天下》評論莊子的思想：

> 寂漠無形，變化無常，死與？生與？天地並與？神明往與？芒
> 乎何之？忽乎何適？萬物畢羅，莫足以歸。古之道術有在於是者，
> 莊周聞其風而悦之。以謬悠之説，荒唐之言，無端崖之辭，時恣縱
> 而不儻，不以觭見之也。以天下爲沈濁，不可與莊語。以巵言爲曼
> 衍，以重言爲眞，以寓言爲廣。獨與天地精神往來，而不敖倪於萬
> 物。不譴是非，以與世俗處。其書雖瑰瑋，而連犿無傷也。其辭雖
> 參差，而諔詭可觀。彼其充實，不可以已。上與造物者遊，而下與
> 外死生無終始者爲友。其於本也，弘大而闢，深閎而肆；其於宗也，
> 可謂稠適而上遂矣。雖然，其應於化而解於物也，其理不竭，其來
> 不蛻，芒乎昧乎，未之盡者。

王夫之對《天下》篇所評論的老子和莊子思想進行了疏解，指出莊子思想在繼承老子的基礎上達到了新的高度，他說：

> 莊子之學，初亦沿於老子，而「朝徹」「見獨」以後，寂寞變化，
> 皆通於一，而兩行無礙：其妙可懷也，而不可與眾論是非也；畢羅
> 萬物，而無不可逍遙；故又自立一宗，而與老子有異焉。……故漫
> 衍連犿，無擇於溟海枋榆，而皆無待以遊，以成內七篇之瑋詞：博
> 也而不僅博，大也而不可名爲大，眞也而審乎假以無假。其高過老
> 氏，而不啓天下險側之機，故申、韓、孫、吳皆不得竊，不至如老

〔註8〕（清）王夫之著，王孝魚點校：《莊子解》北京：中華書局 1964 年，頁 283
　　　～284。
〔註9〕（清）王夫之著，王孝魚點校：《莊子解》北京：中華書局 1964 年，頁 249。

> 氏之流害於後世，於此殿諸家，而爲物論之歸墟，而猶自以爲未盡，
> 望解人於後世，遇其言外之旨也。〔註10〕

王夫之分析了老子與莊子思想的特點。莊子思想源於老子，老子道論中「道」、「玄德」、「無爲」、「致虛極，守靜篤」、「正言若反」等重要觀念都爲莊子所繼承。在繼承老子的基礎上，莊子的思想進一步深入，向超脫高邁的精神境界提升。「朝徹」、「見獨」是莊子思想超越性的重要標誌。《莊子・大宗師》中道家高人女偊向其弟子南伯子葵講述體悟大道的整個過程，通過九天的修煉，以愼之又愼的態度從紛繁複雜的事物中超越出來，層層解脫，最後達到「朝徹」、「見獨」。「朝徹」形容精神的不斷深化，經過漫漫長夜的摸索，終於達到如朝陽初起，照耀萬物，通透明達的境地。「見獨」形容修道之人全身全神地與「道」融爲一體，不再固執於某事某物，不再有所對待，隨遇而安，任隨萬物自生自化。莊子沿著老子「爲學日益，爲道日損」和「致虛極，守靜篤」的精神方向深化了老子的思想，別具一番風貌，「又自立一宗，而與老子有異焉」。在思想逐步深入的過程中，莊子以強烈的懷疑和批判精神，消除老子對「道」進行實體化描述的努力，並剔除了老子思想中陰謀詭詐、僞而不誠的暗藏因素。以超越的精神、博大的胸懷與造物者遊，與得道者爲友，順逐自然之道的變化，進入天而不人，道通爲一的整全境界，保存純粹的精神，最後歸返於「自然」，所謂「精而又精，反以相天。」（《莊子・達生》）

2. 莊子思想的創造性

面對周流變化、無窮無盡的現實世界，面對我們自身和他人，莊子的思想表現出極大的開放性和創造性，他以深刻的直覺與悟性、以靈變莫定的通觀慧見在中國古代思想史上留下一段美妙絕倫的天籟之聲：

> 比莊子哲學更土氣的哲學幾乎是沒有的……他的哲學用詩意盎
> 然的散文寫出，充滿賞心悅目的寓言，頌揚一種崇高的人生理想，
> 與任何西方哲學不相上下。其異想天開烘托出豪放，一語道破卻不
> 是武斷，生機勃勃而又順理成章，使人讀起來既要用感情，又要用
> 理智。〔註11〕

〔註10〕（清）王夫之著，王孝魚點校：《莊子解》北京：中華書局 1964 年，頁 284
　　　　〜285。
〔註11〕金岳霖：《中國哲學》載《哲學研究》1985 年 9 期。

莊子思想的創造性主要表現在以下幾個方面：

第一，與老子相同，莊子思想所面對的基本問題仍然是「天道」與「人道」的關係問題。這個問題從西周後期宗教意識沒落之後，就逐漸成為中國思想史中最重要的問題之一。我們說這是一個重要的問題，是因為它帶有整體性和根本性的意義。如果把中國古代思想作為一個有機的整體來看，那麼，「天道」與「人道」的關係就佔據著基礎和本源的地位，或者可以把它叫做中國古代思想的一個母題。它不為人們提供現成的答案，而是引導人們在尋求答案的過程中形成新的問題，它孕育的問題越來越多，包含了豐富的可能性。它以這種方式為人們的思考提供一個基地，使人們對自然界、社會、人生以及日常生活的種種反思和追問得以相互溝通，聚集起來。因此，如果思想家要對現實世界進行有力的解釋，那他就不得不創造性地回應「天道」與「人道」的關係問題。對於先秦諸子來說「關鍵問題並不是西方哲學的所謂『真理是什麼』，而是『道在哪裏』的問題，這是規範國家與指導個人生活的道。」〔註12〕

對於「天道」與「人道」的問題，老子的態度是「立天定人」，推天道以明人事，主張「人道」應效法「天道」。

> 天之道損有餘而補不足。人之道則不然，損不足以奉有餘。孰能有餘以奉天下，唯有道者。(《老子》第 77 章)

> 天道無親，常與善人。(《老子》第 79 章)

天之道是自然而然的，是均衡的，運行過程中能夠自發地糾正偏失，自我調節。人之道則由於人有自由意志和欲望，常限於自我中心，強行妄為，「禍莫大於不知足，咎莫大於欲得。」(《老子》第 46 章) 因此，老子主張「人道」應效法「天道」的自然而然，做到「無為」、「無知」、「無欲」。在對立的雙方之中，他傾向於選擇柔弱的一方，這也是效法「道」，「反者道之動，弱者道之用。」(《老子》第 40 章)「知其雄，守其雌，為天下谿。」(《老子》第 28 章) 在瞭解全局的情況下，也應該主動居於弱勢的一方。這就有了挾天道以為己用，陰謀詭詐的嫌疑。

莊子思想沿老子「道法自然」的方向，深入探討老子「生而不有，為而不恃，長而不宰」、「致虛極，守靜篤」、「為學日益，為道日損」、「知常日明」、

〔註12〕 (英) 葛瑞漢：《論道者——中國古代哲學論辯》張海宴譯，北京：中國社會科學出版社 2003，p4。

「正言若反」等觀念,「散道德放論」,以一種汪洋恣肆、靈變莫定的姿態面對「天道」與「人道」的關係問題,提出「由人復天」的超越性方案,使中國古代思想達到一個新的高峰,呈現出一種清新脫俗的面貌。對於天人關係,莊子用卮言論式指出:

> 知天之所為,知人之所為者,至矣。知天之所為者,天而生也;知人之所為者,以其知之所知以養其知之所不知,終其天年而不中道天者,是知之盛也。雖然,有患:夫知有所待而後當,其所待者特未定也。庸詎知吾所謂天之非人乎?所謂人之非天乎?且有真人而後有真知。《莊子‧大宗師》

郭象注曰:

> 知天人之所為者,皆自然也;則內放其身而外冥於物,與眾玄同,任之而無不至者也。

這點出了莊子處理天人問題的整體思路,面對天地萬物的變化、人自身以及人類社會的運行,以「自然」為中心,任隨事物自身顯現,不執一偏之見,妄想妄為,損害自然之道。莊子的「天」是從天人和諧的意義上來說的,是「天之天」而非「人之天」。這個「天」不是邏輯的、理智的、不是單純的智力可以窮盡的「天」,而是事物自組織自演化形成的富有大美的「天」。人們需要不斷地體驗、不斷地沉思、不斷地實踐才能融入這變動運行的「天」,具足安泰凝定的德性,將有限的身軀寄託於無限的自然之道,這樣人和物都在自然之光的照耀下顯現出來。

第二,莊子是具有非凡創造力的思想家,在中國古代思想史上做出了創造性的貢獻。我們在第一章提到,春秋戰國之際的歷史和社會環境是最富於戲劇性和變化性的,舊有的宗教、政治、道德權威的沒落,為新的經濟因素、新的統治模式、新的社會階層、新的思想觀念的成長創造了有利的條件,各種新舊因素相互交錯、相互競爭。這時的思想領域也展現出蓬勃的生機與活力,富有創造力和想像力的思想家登上了歷史舞臺,莊子就是其中的佼佼者。莊子的創造性表現在,思維敏捷靈活,不循規蹈矩,不斷地挖掘已有的思想成果,越來越深入,善於批判反思,善於觀察事物,能夠在尋常生活中及時發現並更正人們的失誤。總之,我們從莊子與惠施的論辯中,從莊周遊於雕陵之樊而得到的啟示中,從莊子妻死,莊子鼓盆而歌等等事件中可以看出,莊子的生活方式是富有創造性和充滿了智慧的,莊子是一位具有創造性人格

的思想家。

莊子的創造力主要表現為「綜合」和「超前推進」兩個方面。〔註13〕從綜合的方面來看，莊子學識淵博，《史記・老子韓非列傳》說：「其學無所不窺，然其要本歸於老子之言。」他對當時的思想界主要的思想家以及他們所討論的問題有非常深入的瞭解，但他主要還是以老子的思想為根本，吸收各家的思想資源對老子思想加以深化。這表明莊子的思想既有廣度，又有深度。《莊子・天下》雖非莊子本人所作，但由字裏行間可以看出，莊子及其後學對思想學術的發展進行了敏銳的觀察和反思，並將其綜合吸收進自己的學說之中，主要涉及儒、墨、名、法、道等諸家學說。正如王夫之所說：

> 其首引先聖六經之教，以為大備之統宗，則尤不昧本原，使人莫得而摘焉。乃自墨至老，褒貶各殊，而以己說綴於其後，則亦表其獨見獨聞之真，為群言之歸墟……則莊子之在當時，心知諸子之短長，而未與之辯。〔註14〕

《莊子》書中也隨處批判儒墨等學派的觀點，如：

> 道隱於小成，言隱於榮華。故有儒墨之是非，以是其所非而非其所是。(《莊子・齊物論》)

> 駢於辯者，累瓦結繩竄句，遊心于堅白同異之間，而敝跬譽無用之言非乎？而楊、墨是已！故此皆多駢旁枝之道，非天下之至正也。(《莊子・駢拇》)

> 下有桀、跖，上有曾、史，而儒墨畢起。於是乎喜怒相疑，愚知相欺，善否相非，誕信相譏，而天下衰矣。(《莊子・在宥》)

如果沒有對這些學說的綜合整理，這樣的批評是難以想像的。莊子的思想在不同程度上整合了過去的創造性成果來促進自身的發展，這是莊子思想能成其博大的一個重要原因。

從超前推進的方面來看，莊子思想以其深刻性和新穎性激進地發展了老子的思想。老子提出「道法自然」的命題，是中國古代思想的新範式，在此基礎上產生了許多有待解決的新問題，同時吸引了一批堅定的支持者。春秋戰國之際，老子的思想逐漸傳播開來，產生了極大的影響。與道家思想密切

〔註13〕 參見（美）Robert J.Sternberg 著：《認知心理學》楊炳鈞、陳燕、鄒枝玲譯，中國輕工業出版社 2006 年，頁 319。

〔註14〕 （清）王夫之著，王孝魚點校：《莊子解》北京：中華書局 1964 年，頁 277。

相關的人物，秦國有老子弟子南伯子綦、楊朱等人；鄭國有關尹、壺子、伯昏無人、列子等人；楚國有接輿、環淵、鶡冠子等人；齊國則在戰國齊威王時興起了稷下學宮，其中彭蒙、田駢、慎到、尹文、環淵等都在此活動。可見道家思想在春秋戰國之際形成多樣化的繁榮發展之勢。莊子思想通過批判和反思，以深刻性和新穎性為特點推進了道家思想，其貢獻超出道家的其他人物。其深刻性表現在探索「天道」與「人道」的關係問題時，繼續深化老子「道法自然」的命題。其新穎性主要表現在將真摯的情感、審美的態度和出人意表的言說風格融入思想之中，把老子那充滿詩意的思想發展到極致，創造了更為豐富的意義。他的哲學：

> 不像尋常那一種矜嚴的，峻刻的，料峭的一味皺眉頭絞腦子的東西；他的思想的本身就是一首絕妙的詩⋯⋯他那嬰兒哭著要捉月亮似的天真，那神秘的悵惘，聖睿的憧憬，無邊際的企慕，無涯岸的豔羨，便使他成為最真實的詩人⋯⋯莊子是開闢以來最古怪最偉大的一個情種；若講莊子是一個詩人，還不僅是泛泛的一個詩人。
>
> 〔註15〕

　　第三，莊子的思想充滿強烈的懷疑和批判精神，這是其創造性的突出表現。莊子的思想不是獨斷的，而是啟發式的，莊子的言說方式直接反映了這種懷疑和批判的精神。根據《莊子‧寓言》，莊子的言說方式主要有寓言、重言、卮言三種。《莊子‧天下》也說：「以天下為沈濁，不可與莊語。以卮言為曼衍，以重言為真，以寓言為廣。」「寓言」是有所寄託之言，有寓意之言，就是隱喻性的語言，「假託人、物以明事理之言也。」〔註16〕「重言」是重述古代聖哲所說的話，是一種增益之言。《莊子‧寓言》說：「重言十七，所以己言也。」孫以楷說：

> 重言「所以己言」，「己」與「外」相對待，當指道中人，道中人說了道中話，所以「為真」，但是按照「親父不為其子媒」的原則，道中人本不該說話，既然說了，就自當是「增益之言」了。〔註17〕

這種解釋比較具有說服力，「重言」就是修道者有所心得而說的話，但是，具

〔註15〕聞一多：《聞一多全集（第二冊）‧古典新義‧莊子》北京：生活‧讀書‧新知三聯書店 1982 年，頁 280～282。
〔註16〕王叔岷：《莊子校詮》北京：中華書局 2007 年，頁 1088。
〔註17〕孫以楷、甄長松：《莊子通論》北京：東方出版社 1995 年，頁 8。

體到每個人，對「道」的體會是不同的，因此，「重言」最多只具有指向的作用，是指引具體實踐過程的增益之言，它不是固定的規則或程序，不排斥懷疑和批判，它的作用是啓發和開導。「卮言」「渾圓之言不主故常，順其自然之分而已。」〔註18〕是一種不拘規則、不執定見、變化日新、合於自然的言談。其實就是一種保持深刻懷疑與批判的語言。如：

> 今且有言於此，不知其與是類乎？其與是不類乎？類與不類，相與爲類，則與彼無以異矣。雖然，請嘗言之：有始也者，有未始有始也者，有未始有夫未始有始也者；有有也者，有無也者，有未始有無也者，有未始有夫未始有無也者。俄而有無矣，而未知有無之果孰有孰無也。今我則已有謂矣，而未知吾所謂之其果有謂乎？其果無謂乎？夫天下莫大於秋豪之末，而太山爲小；莫壽乎殤子，而彭祖爲夭。（《莊子·齊物論》）

這是莊子所使用的典型的「卮言」，它是動態的，不斷變換著角度，連續的疑問意在破除人們對有無、大小、壽夭等觀念的執著，沒有最終的肯定或否定。論者不固執於任何一邊，而是以彼之是非破除此之是非，彼此兩破。從而將人們的思想帶出是非彼此的偏狹境地，引向順隨自然整體變化的深入開放的思維空間，這種啓發式的言談方式就像清掃落葉，隨落隨掃，不留痕迹。

> 莊周所面對的問題是一個語言邏輯的「怪圈」，而「卮言」是跳出這個怪圈的「手筋」，「卮言」化解了「齊與言不齊，言與齊不齊」的悖論，並賦予「言無言」以切實的內容、結果。莊子魚肉熊掌兼得，既道出了洋洋數萬言，又持守住了「天而不人」的信條。〔註19〕

莊子以審慎的態度思索人們日常生活中遵守的行爲規則，提出反對的理由，但不做最終的決定，他將一偏之見的形而上學判斷擱置起來，交給了「天」、交給了「自然」，所謂「卮言日出，和以天倪」（《莊子·寓言》）。這種不執著、不僵化的探索正是莊子思想創造性的突出表現。《莊子》書寓言、重言、卮言的言說方式，是在對語言本身進行深入反思和懷疑的基礎上提出並採用的，它們使思想在語言的張力中始終保持開放，不被僵化爲教條。

〔註18〕王叔岷：《莊子校詮》北京：中華書局 2007 年，頁 1089。
〔註19〕孫以楷、甄長松：《莊子通論》北京：東方出版社 1995 年，頁 10。

第二節　「自然」觀念的變化

1. 莊子對老子「自然」觀念的深化

第一，從整體上來看，老子思想中「道法自然」觀念還有一定局限，需要進一步深化。

從認知隱喻學的意義上說，如第三章所論，「自然」觀念的提出表明老子一直對「道」進行著深入探索，老子思想的核心「道法自然」是一個隱喻結構。「自然」是一個複雜的意義系統，是這個隱喻的主題或目標域，「道」是一個符號系統，是這個隱喻的副題或喻源域。主題「自然」與副題「道」二者互動，喻源域「道」的豐富影像映像到目標域「自然」之上，產生了新的意義，這些新意義與主題「自然」直接相關並使「自然」的複雜意義容易為人們所理解。在這些新意義中，最重要的就是「常」和「有無」，是隱喻過程中「道」與「自然」互動的產物。「道」作為喻源域起作用，「常」和「有無」的意義來源於「道」並通過選擇、強調、組合映像到「自然」之上，所以對「道」的論述影響著「常」和「有無」的意義。下面我們看老子「道」論的混亂和局限之處。

老子關於「道」的論述最突出的一個特點是，他將「道」視為一個「玄之又玄」之物。「道」雖然看不見、聽不到、摸不著、無形無象、難以捉摸，但老子還是對其進行了的描述：

> 視之不見，名曰夷，聽之不聞，名曰希，搏之不得，名曰微。此三者不可致詰，故混而為一。其上不皦，其下不昧，繩繩兮不可名，復歸於無物。是謂無狀之狀，無象之象，是謂惚恍。迎之不見其首。隨之不見其後。（《老子》第 14 章）

> 道之為物，惟恍惟惚。惚兮恍兮，其中有象；恍兮惚兮，其中有物。窈兮冥兮，其中有精；其精甚真，其中有信。（《老子》第 21 章）

> 有物混成，先天地生。獨立而不改，周行而不殆。可以為天下母。（《老子》第 25 章）

> 夫物芸芸，各復歸其根。（《老子》第 16 章）

不管「道」怎麼難以把捉，但它還是「有精」、「有真」、「有信」，也就是有迹象可尋。大體說來，「道」是這樣一個物，它恍恍惚惚、玄混不明、無形無名、

先天地生、是萬物之宗、是超越於萬物之上的獨立的實體。老子還使用「谷神」、「玄牝之門」、「天地根」等隱喻描述「道」，突顯其根本性的地位。總之，在老子那裡，「道」是非同尋常之物。

老子關於「道」的論述還有一個特點就是強調「反」。如：

> 吾不知其名，字之曰道，強爲之名曰大。大曰逝，逝曰遠，遠曰反。（《老子》第 25 章）

> 反者道之動，弱者道之用。（《老子》第 40 章）

> 玄德深矣，遠矣，與物反矣。然後乃至大順。（《老子》第 65 章）

> 正言若反。（《老子》第 78 章）

這些「反」字的意義主要意義有二：「一者、正反之反，違反也；二者、往反（返）之反，回反（返）也。」〔註20〕「反」的兩個意義中，第一個是反對、反面、對立的意思，老子揭示出，對一個事物來說，它總包含有正反對立的關係；第二個是回返、歸返、返還的意思，老子觀察到，宇宙萬物循環不已、向相反方向轉化的過程。

我們把老子的「道」的兩個特點結合起來看就會發現，「道」是非同尋常之物，「有物混成，先天地生」，「道」是天地萬物的根源，其主要特點是「反」。「反」既可以是正反相對的意思，也可以是循環過程的意思，前者偏向於對「道」的實體化、對象化說明，而後者則偏向於對「道」的過程性說明。老子沒有明確揭示這兩種傾向可能包含的矛盾。老子說：「道生一，一生二，二生三，三生萬物。」42「大道泛兮，其可左右。萬物恃之以生而不辭，功成不名有。」（《老子》第 34 章）從根源上說，萬物（當然也包括人在內）都是由「道」這個玄奧之物所生，並且依靠「道」而存在。萬物存在的生成論意義上的最初根源是「道」，本體論意義上的最終根據也是「道」。

這樣「人法地……道法自然」的提法就出現了問題，因爲世界萬物都產生於自然而然的「道」，任何事物存在的最終根據也是「道」，人做一切事情都只能遵循「道」，除了遵循自然之道以外人不能做任何其它的事情，那麼貪欲、驕矜、自私、爭鬥等不自然的想法或行爲又是從何而來的呢？老子解答不了這個疑問，在老子的思想中，對「道」進行實體性表述的終極存在思維

〔註20〕錢鍾書：《管錐編》（第一冊）北京：中華書局 1979 年，頁 445。

與對「道」進行過程性描述的生成論思維混合在一起，老子沒有對此作進一步的清理，並由此跨入了實踐領域。

老子承繼史官思維，推天道以明人事，將對「道」的體會運用到人生方面。老子注重「反」，首先是重視正反相對的關係，他主張人們在對整體情況進行深入瞭解的前提下，應主動居於柔弱的一方，這樣「道」作為一個玄奧之物的作用才能發揮出來，所謂「弱者道之用」（《老子》第 40 章）「知其雄，守其雌。」（《老子》第 28 章）《老子》書中列舉了許多正反對立關係，如：正—反、有—無、有為—無為、有知—無知、雄—雌、牡—牝、實—虛、上—下、前—後、動—靜、小—大、多—少、巧—拙、強—弱、禍—福、寵—辱、直—曲等等。與人們通常的思維相反，在這些對立之中，老子通常更偏向於後者，他認為物極必反，居於後者更有助於積蓄力量、等待時機、蓄勢待發，這就是「天下之至柔，馳騁天下之至堅。」（《老子》第 43 章）這些關係中，最重要的是有～無，從實體性意義和實踐上來看，老子偏向於無，強調無之用：

> 三十輻，共一轂，當其無，有車之用。埏埴以為器，當其無，有器之用。鑿戶牖以為室，當其無，有室之用。故有之以為利，無之以為用。（《老子》第 11 章）

> 善行無轍迹；善言無瑕讁；善數不用籌策；善閉無關楗而不可開；善結無繩約而不可解。（《老子》第 27 章）

與此思維方式相近，老子也引導人們去看問題的反面，對語言和知識採取批判的態度：

> 為學日益，為道日損。（《老子》第 48 章）

> 正言若反。（《老子》第 78 章）

> 知者不言，言者不知。（《老子》第 56 章）

> 信言不美，美言不信。善者不辯，辯者不善。知者不博，博者不知。（《老子》第 81 章）

除了注重正反相對的關係之外，老子也強調了過程性的、循環轉化的「反」，在這個意義上，「反」與「常」有密切聯繫，正如《文子·道原》所說：「反者道之常也。」運用到人生、政治、軍事等實踐領域，則「反」與「常」又產生了反覆、返回、退回、回歸等意義，如下面的幾章都有這種含義：

功成身退，天之道。(《老子》第 9 章)

不自見，故明；不自是，故彰；不自伐，故有功；不自矜，故長。夫唯不爭，故天下莫能與之爭。古之所謂曲則全者，豈虛言哉？誠全而歸之。(《老子》第 22 章)

以道佐人主者，不以兵強天下，其事好還。(《老子》第 30 章)

用其光，復歸其明，無遺身殃，是爲襲常。(《老子》第 52 章)

禍兮，福之所倚；福兮，禍之所伏。孰知其極？其無正。正復爲奇，善復爲妖，人之迷，其日固久。(《老子》第 58 章)

老子對「道」的論述包含有本體論與生成論的矛盾，難以解釋人的行爲爲什麼會不符合「道」、不自然的問題。老子對人與「自然」的深層關係含糊其辭，帶著這個思想上的矛盾推天道以明人事，跨入實踐領域。在實踐中，老子把「道」當成一個玄奧之物，其動力來自於「反」。從正反關係來看，老子一反常人的態度，主張在瞭解整體情況的前提下主動居於相反的、柔弱的一面，以韜光養晦、待機而動。從過程性來看，老子強調事物反覆循環、禍福相倚的一面。這些構成老子思想的特點：

人皆取先，己獨取後……人皆取實，己獨取虛。無藏也故有餘。歸然而有餘。其行身也，徐而不費。無爲也而笑巧。人皆求福，己獨曲全……以深爲根，以約爲紀。(《莊子‧天下》)

「道」是玄奧之物，老子論天道皆歸於人事，認爲「道」運行有規則可循，只要按規則行事，以退爲進，就能挾天道以爲己用。這樣的態度，在社會、人生的實踐活動中，給陰謀詭詐留下了空間，用策劃謀略代替對「道」的深入探索，如：

天長地久。天地所以能長且久者，以其不自生，故能長生。是以聖人後其身而身先，外其身而身存。非以其無私邪，故能成其私。(《老子》第 7 章)

將欲歙之，必固張之；將欲弱之，必固強之；將欲廢之，必固興之；將欲取之，必固與之。是謂微明。柔弱勝剛強。魚不可脫於淵，國之利器不可以示人。(《老子》第 36 章)

王夫之對老子思想中包含的陰謀傾向及其所形成的流弊進行了嚴厲批判：

老子知雄而守雌，知白而守黑。知者博大而守者卑弱，其意以

空虛爲物之所不能距，故老子於虛以待陰陽人事之挾實而來者，窮
而自服；是以機而制天人者也。《陰符經》之說，蓋出於此。以忘機
爲機，機尤險矣！〔註21〕

在語言、知識領域，老子「行不言之教」（《老子》第 2 章）「知者不言，言
者不知。」（《老子》第 56 章）「善者不辯，辯者不善。知者不博，博者不
知。」（《老子》第 81 章）等說法，在知與不知、言與不言兩極之間，站在
不知、不言的一極，這也極容易引起悖論，他無法回答白居易提出的類似
詰問：「言者不知知者默，此語吾聞於老君。若道老君是知者，緣何自著五
千文？」〔註22〕

　　綜上所述，老子「道」論有兩個基礎，一個是，「道」從某種意義上來說
是一個循環運行、永不停歇的整體；另一個是，「道」是一個玄奧之物，超越
萬物而獨立存在。這導致了老子思想中本體論和生成論的根本矛盾。「自然」
觀念的提出說明老子一直在對「道」進行深入的探索，老子對「人法地……
道法自然」的論述主要是爲人的行爲尋找根源，但其中存在混亂和含糊之處。
莊子的一個重要任務就是對老子思想中的混亂進行清理，缺陷進行彌補。

　　第二，莊子對老子思想及其「自然」觀念進行了全面的深化。

　　莊子「道」論以老子爲本，但逐步突破了對「道」的實體性的執著，以
開放性和發散性的思維來探索「道」。老子論「道」曰：

　　道之爲物，惟恍惟惚。惚兮恍兮，其中有象；恍兮惚兮，其中
有物。窈兮冥兮，其中有精；其精甚眞，其中有信。（《老子》第 21
章）

　　有物混成，先天地生。獨立而不改，周行而不殆。（《老子》第
25 章）

莊子早期論「道」也與此相近，他說：

　　夫道有情有信，無爲無形；可傳而不可受，可得而不可見；自
本自根，未有天地，自古以固存；神鬼神帝，生天生地；在太極之
先而不爲高，在六極之下而不爲深，先天地生而不爲久，長於上古
而不爲老。（《莊子·大宗師》）

〔註21〕（清）王夫之著，王孝魚點校：《莊子解》北京：中華書局 1964 年，頁 284。
〔註22〕轉引自傅偉勳：《從西方哲學到禪佛教》生活·讀書·新知三聯書店 1989 年，
　　　　頁 391。

這是比較明顯的對「道」的實體化描述，把「道」當作一個超越於萬物之上的玄奧之物，「有情有信」、「自古固存」、「先天地生」，幾乎與老子的口吻完全相同。但這種論調在《莊子》書中並不占主要地位，取而代之的是認為「道」不可以用形象描畫，它是自然而然內在於天地萬物的。

> 若有眞宰，而特不得其眹。可行己信，而不見其形，有情而無
> 形。（《莊子‧齊物論》）

正如郭象注所說：

> 萬物萬情，趣舍不同，若有眞宰使之然也。起索眞宰之眹迹，
> 而亦終不得，則明物皆自然，無使物然也。

好像在玄冥變化的世界中有個「眞宰」，但實在沒有迹象可尋，放眼看去，宇宙萬物自然而然地運行，毫無爽失，萬物自發地生成，不是由什麼有形的東西促成的，沒有有形的某物決定著其它事物，只有實情如此這般自然地展現出來。《莊子‧則陽》也說：「萬物有乎生，而莫見其根。」認為萬物自生自成，與老子「夫物芸芸，各復歸其根」（《老子》第16章）的說法已有明顯差別。莊子深化老子「道」論，剔除實體性描述，不再執著於以物喻道，打開思路，從普遍性、無限性的角度將「道」論推向深入。

> 夫無形故無不形，無物故無不物。不物者能物物，不形者能形
> 形。故形形、物物者，非形、非物者也。夫非形、非物者，求之於
> 形、物，不亦惑乎！〔註23〕

「道」不是有形體的具體的事物，它遍在於萬物之中，具體事物都是從「道」中自然而然地生長出來的。

> 東郭子問於莊子曰：「所謂道，惡乎在？」莊子曰：「無所不
> 在。」……汝唯莫必，無乎逃物。至道若是，大言亦然。周、遍、
> 咸三者，異名同實，其指一也。……物物者，與物無際，而物有際
> 者，所謂物際者也。不際之際，際之不際者也。

> 不以生生死，不以死死生。死生有待邪？皆有所一體。有先天
> 地生者物邪？物物者非物，物出不得先物也，猶其有物也。猶其有
> 物也無已！聖人之愛人也終無已者，亦乃取於是者也。（《莊子‧知
> 北遊》）

〔註23〕王叔岷：《莊學管窺》附錄《莊子佚文》北京：中華書局 2007 年，頁 232。

成玄英疏曰：

> 夫能物於物者，非物也。故非物則無先後，物出則是物，復不
> 得有先於此物者。何以知其然耶？謂其猶是物故也。以此推量，竟
> 無先物者也。然則先物者誰乎哉？明物之自然耳，自然則無窮已之
> 時也。是知天地萬物，自古以固存，無未有之時也。

由以上引文及疏解可見，莊子認爲，宇宙萬物不是依賴於某物產生的，而是
自古以來就存在著的，「道」內在於宇宙萬物之中，毫無迹象可尋，它就是萬
物自然而然地發生和成長的全過程。在莊子這裡，「道」超離了老子「道」論
的實體性傾向，自發性、過程性、無限性、整體性得到最大限度的彰顯，「道」
與「自然」與「萬物」開始融合成爲一體。從這個角度出發，莊子爲我們揭
開一個自然的充滿蓬勃生機的世界。

與「自然」有密切關係的「常」、「反」、「有無」等觀念在莊子思想中都
得到進一步的深化。「常」是萬物自發運行和維持自身存在的力量，它是萬物
「自然」運行的趨勢，在《老子》書中「大」、「逝」、「遠」、「反」的往復運
行就是「常」，它是對「道」的運行過程的總概括。莊子繼承老子，但是，由
於莊子對「道」的認識進一步深入，在莊子看來，「道」的運行過程更爲複雜，
具有多樣性、差異性和不確定性。莊子論「常」，線性循環運動的意味減少了，
自發性和不確定性的意義增加了。莊子用「常」來描述事物自存在、自組織、
自運行的趨勢，它是事物不斷地展現自身的過程：

> 死生，命也；其有夜旦之常，天也。人之有所不得與，皆物之
> 情也。（《莊子·大宗師》）

> 天下有常然。常然者，曲者不以鈎，直者不以繩，圓者不以規，
> 方者不以矩，附離不以膠漆，約束不以纆索。故天下誘然皆生，而
> 不知其所以生；同焉皆得，而不知其所以得。故古今不二，不可虧
> 也。（《莊子·駢拇》）

人有生有死，就像天地運行有晝有夜一樣，這自然而然的變化，人力根本無
法干預。天下萬物自然而然生長變化，方、圓、曲、直各有「常然」，「常然」
引導著事物生長變化：

> 天地固有常矣，日月固有明矣，星辰固有列矣，禽獸固有群矣，
> 樹木固有立矣。夫子亦放德而行，循道而趨，已至矣！又何偈偈乎
> 揭仁義，若擊鼓而求亡子焉！意，夫子亂人之性也。（《莊子·天道》）

天地、星辰、禽獸、樹木，本性各不相同，各有所稟，是自然而然的，人順從「道」的指引，按照自身的本性行事，就很好了，根本不必要標舉仁義。「常」是自然發生、自然發展的、動態的過程，而不是固定的、普適的常規。

「反」在老子那裡有正反相對和返回返歸兩種意義，莊子對此進行了深化。從正反對立的意義來看，老子提出「知其雄，守其雌」、「弱者道之用」，在一系列正反相對的鏈條中，偏愛反面，執守柔弱。莊子面對正反關係問題時往往運用兩行的方法和巵言論式將正反相對的兩極變換引向深入，將事物一體多面、可分可合的道理發揮到極致，將人們的心靈帶出偏狹執著的枯井。以靈活的思辨看待事物自然變化的全過程，以徹底的「自然」態度對待彼此、是非、有無、終始、言默、生死等等：

> 物無非彼，物無非是。自彼則不見，自知則知之。故曰：彼出於是，是亦因彼。彼是方生之說也。雖然，方生方死，方死方生；方可方不可，方不可方可；因是因非，因非因是。是以聖人不由而照之於天，亦因是也。是亦彼也，彼亦是也。彼亦一是非，此亦一是非，果且有彼是乎哉？果且無彼是乎哉？彼是莫得其偶，謂之道樞。樞始得其環中，以應無窮。是亦一無窮，非亦一無窮也。故曰：莫若以明。

> 道行之而成，物謂之而然。惡乎然？然於然。惡乎不然？不然於不然。物固有所然，物固有所可。無物不然，無物不可。故為是舉莛與楹，厲與西施，恢詭譎怪，道通為一。其分也，成也；其成也，毀也。凡物無成與毀，復通為一。唯達者知通為一，為是不用而寓諸庸。庸也者，用也；用也者，通也；通也者，得也。適得而幾矣。因是已，已而不知其然謂之道……是以聖人和之以是非而休乎天鈞，是之謂兩行。（《莊子・齊物論》）

世界上的事物是變化的、多邊的、多樣態的存在，人與人的感覺、語言、思想等等也充滿著差異性。有彼就有此，從 A 的角度出發，只能看到事物的 A 面，從 B 的角度出發，也只能看到事物的 B 面，若偏執一曲，就總只是看見了這一方面而無視那一方面。

> 夫其所謂是非者，豈是非哉？彼此而已矣。我之所謂彼，彼之所謂我也，無定之名也。見此之為此，而不知彼之亦有此，自知而不知彼，遂恈之以為明；兩相排而益引其緒，以相因而生，則立此

而彼方生，使無此而彼不足以生矣。〔註24〕

像儒墨那樣自以為是，固執一邊，是非彼此相互論難，總是只能攻其一點，不及其餘，舍本逐末，最終亂成一團。莊子引導我們走出是非彼此相攻訐的偏執立場，接納事物的多樣性存在，承認各種可能性之間的變化，不固執於任何一邊，一切都依據具體情況具體條件而定。「立言者，析至一而執一偏以為一，以為道體。夫緣用而體始不可廢，如不適於用而立其體，則駢拇枝指而已。達者不立體而唯用之適。」〔註25〕莊子就是這樣一位「達者」，關於實在、思想、語言、行為等等問題，他都採取了懷疑的兩行的態度，兩端皆可行，在此適於此，在彼適於彼，這是一種虛心的，隨時準備有所變化、有所批判、有所創造的態度：

> 只要審慎的原則沒有要我們遵守某些規則去行動，只要還有明確的反對的理由，只要沒有作決定的必要。那就擱置作決定的判斷吧。〔註26〕

莊子兩行的態度與此相類似，他從確定無疑的昏睡中醒來，優游行走於彼此兩端，不譴是非，使是非各止於自然之分。他以這種態度破邪顯正，突破彼此是非的一曲之明，與天地精神往來，把我們引入一個充滿生機和危機、需要冒險與探索、要披荊斬棘才能有所前進的思想大森林：

> 知天之所為，知人之所為者，至矣！知天之所為者，天而生也；知人之所為者，以其知之所知，以養其知之所不知，終其天年而不中道夭者，是知之盛也。雖然，有患。夫知有所待而後當，其所待者特未定也。庸詎知吾所謂天之非人乎？所謂人之非天乎？且有真人而後有真知。（《莊子·大宗師》）

成玄英疏解道：

> 近取諸身，遠託諸物，知能運用，無非自然。是知天之與人，理歸無二。故謂天則人，謂人則天……此泯合人天，混同物我者也。

「真人」即順隨並融入「自然」之人，他能忘懷一切、抱一守真、泯合大道，明白人的有限性、知識的局限性、事物的多樣性，以開放的胸懷與世間萬物

〔註24〕（清）王夫之著，王孝魚點校：《莊子解》北京：中華書局1964年，頁17～18。

〔註25〕（清）王夫之著，王孝魚點校：《莊子解》北京：中華書局1964年，頁19。

〔註26〕（美）曼弗雷德·庫恩：《康德傳》黃添盛譯，上海：世紀出版集團，上海人民出版社2008年，頁219。

交流。「知天樂者，其生也天行，其死也物化。靜而與陰同德，動而與陽同波。」
（《莊子・天道》）「古之治道者，以恬養知。」（《莊子・繕性》）可見，「眞人」
是以超越的精神與無限的宇宙交流的人，是不斷地自我實現著的人。莊子超
越老子「知其雄，守其雌」的思想，以「聖人不由而照之於天」的態度化解
正反對立，二元循環的悖論，在「自然」觀念的引領下跳出思維的圈限，走
向廣闊的天地。

「反」的第二個意義是返回返歸的過程，莊子也由此發揮了自己的過程
性思想。莊子認爲天地萬物互相交錯互相關聯，不斷地生長變化，自然而然
地產生和滅亡，沒有一個確定的起點和終點可尋。老子「道論」具有實體性
傾向，認爲「道」是先天地生的混成之物，萬物由「道」生成，「道生一，一
生二，二生三，三生萬物。」（《老子》第 42 章）莊子用卮言論式對此進行了
「自然」化的詮釋：

> 天地與我並生，而萬物與我爲一。既已爲一矣，且得有言乎？
> 既已謂之一矣，且得無言乎？一與言爲二，二與一爲三。自此以往，
> 巧歷不能得，而況其凡乎！故自無適有，以至於三，而況自有適有
> 乎！無適焉，因是已！（《莊子・齊物論》）

「道」無所不在，遍在於萬物之中，因此，天地和我並存，萬物和我一體。「道」
生一、二、三等的問題，說到底是由於語言的分化衍生帶來的困擾。語言本
身有局限，語言是我們認知事物的中介或索引，它和豐富的、多邊存在的、
有差異性的現實事物之間沒有必然的一一對應關係。人們應該承認並自覺語
言的局限，破除執著，因任自然。所以，莊子說：

> 不言則齊，齊與言不齊，言與齊不齊也。故曰無言。言無言，
> 終身言，未嘗言；終身不言，未嘗不言。有自也而可，有自也而不
> 可；有自也而然，有自也而不然。惡乎然？然於然；惡乎不然？不
> 然於不然。惡乎可？可於可；惡乎不可？不可於不可。物固有所然，
> 物固有所可。無物不然，無物不可。非卮言日出，和以天倪，孰得
> 其久！萬物皆種也，以不同形相禪，始卒若環，莫得其倫，是謂天
> 均。天均者，天倪也。（《莊子・寓言》）

言論與事理總有不相齊同一致的地方，與其執著於一孔之見，不如因任自然
的變化，發表靈活的言論。由此出發，莊子提醒我們注意事物自然變化的全
過程，語言、思想意識應該順著這個過程變化：

道未始有封，言未始有常，為是而有畛也。(《莊子・齊物論》)

道，物之極，言默不足以載。非言非默，議有所極。(《莊子・
則陽》)

道無終始，物有死生，不恃其成。(《莊子・秋水》)

莊子所說的「反」，是返歸於「自然」的意思，「自然」的過程是富於動態的、複雜的，是規則性、必然性、確定性、隨機性、差異性、多樣性並存的過程，人們需要深入地體會、勤奮地探索、不斷地創造才能對這個過程有所瞭解。

生有所乎萌，死有所乎歸，始終相反乎無端，而莫知乎其所窮。
非是也，且孰為之宗！(《莊子・田子方》)

萬物皆種也，以不同形相禪，始卒若環，莫得其倫，是謂天均。
天均者，天倪也。(《莊子・寓言》)

「反」是宇宙萬物循環無端，更迭變化，永無止境的過程，這也就是「自然」的過程，這個過程是人之所以存在的根本。人存在於天地之間，是整個過程的一個有機環節，最終還是要返回到整體之中。

中國有人焉，非陰非陽，處於天地之間，直且為人，將反於宗。
(《莊子・知北遊》)

知大備者，無求，無失，無棄，不以物易己也。反己而不窮，
循古而不摩，大人之誠！(《莊子・徐無鬼》)

這個過程需要用「自然」的眼光才能參透，因此這也是一個懷疑批判，跳出淺層思維和語言的拘限，面對變化無窮的大千世界向無限超昇的過程，也就是老子所說「為學日益，為道日損」的過程。

文滅質，博溺心，然後民始惑亂，無以反其性情而復其初。(《莊
子・繕性》)

馳其形性，潛之萬物，終身不反，悲夫！(《莊子・徐無鬼》)

禮樂文飾只重形式，華而不實，世俗的知識以廣博相炫耀，實際上迷惑混亂，使人心不明，這些遮蔽了人們原本自然天真的性情。各色人等馳騁自身的形體和本性，潛心於萬物之中，一輩子迷惑不知返回「自然」，這是最為可悲的。在莊子看來，百家之學及其好友惠施都是迷於萬物而不知返的典型：

內聖外王之道，暗而不明，鬱而不發，天下之人各為其所欲焉
以自為方。悲夫！百家往而不反，必不合矣！後世之學者，不幸不

　　　　見天地之純，古人之大體。道術將為天下裂。

　　　　　　惠施之才，駘蕩而不得，逐萬物而不反，是窮響以聲，形與影

　　　　競走也，悲夫！（《莊子・天下》）

總結上述，莊子對「自然」觀念的深化主要表現在，化解老子「道」論中本體論與生成論的根本矛盾，更處處深化老子「常」、「有無」、「反」等觀念。以深層的直覺、靈活的語言、豐富的想像、超越的精神創造了一系列新觀念、新用法（如：兩行、巵言、天均、天倪、常然等等）對「道」「、自然」等觀念進行了更深入的解釋，將「自然」觀念引入更豐富、更開放、有更多可能性和差異性的世界。

　　第三，我們將老子提出的「道法自然」作為一個隱喻來進行解釋，其中「道」是這個隱喻的喻源域，「道」的影像映像到「自然」之上的過程，也是「自然」觀念篩選和過濾相關意義（這些意義主要是由「道」這個喻源域提供的）的過程。但是，在這個隱喻中，副題（「道」）存在局限，這就使主題（「自然」）難以深入，主題和副題的互動受到牽制，由二者互動產生的新意義「常」和「有無」帶有實體性和生成論相混的痕迹。「道法自然」這個隱喻還有突破局限進一步深入的必要，這個任務交由莊子來完成。

　　莊子以兩行（兩端皆可行，適得而已）的態度化解老子對「道」的實體性的執著，強調「道」無所不在，「道」的運行過程就是宇宙萬物自我展現的過程。「道」、「自然」、萬物逐漸鎔鑄為一個有機的複雜的整體，莊子的世界觀展現出奇幻美妙的景象：

　　　　　　《莊子》也是一部「韻致深醇」的哲理詩，卻以豐富見長。那

　　　　豐富的神話或寓言，那豐富的比喻或辭藻……那「神」的意念和通

　　　　過了《莊子》影響的那「妙」的意念，比起「溫柔敦厚」那教條來，

　　　　應用的地方也還要多些罷？〔註27〕

「道」是無限的，它由自身決定，以自身為原因（「道」不按照人的思維、計劃及其有意識的目的運行），「道」是自然的，「道」遍在於萬物之中，沒有脫離具體事物而存在的「道」。

　　　　　　其用心不勞，其應物無方，天不得不高，地不得不廣，日月不

　　　　得不行，萬物不得不昌，此其道與！（《莊子・知北遊》）

　　　　　　　　　　　　　　　　　　　　　　　　　　　　　　

〔註27〕　朱自清：《朱自清古典文學論文集》（上冊），上海：上海古籍出版社 1981 年，
　　　　　頁 129。

郭象注曰：

> 言此皆不得不然而自然耳。

「道」是不斷變化不斷創生著的，其變化的過程就是萬物自發地展現自身的過程，在這創造性的流變過程中，沒有孤立存在的事件，每個事件都由一定的條件和因緣所促發，都有整體性因素在起的作用。正如郭象在《莊子・大宗師》「是知之盛也」句下注解中所說：

> 人之生也，形雖七尺而五常必具，故雖區區之身，乃舉天地以奉之。故天地萬物，凡所有者，不可一日而相無也。一物不具，則生者無由得生；一理不至，則天年無由得終。

莊子把處於流變過程中的整體叫做「天」、叫做「道」、也叫做「本根」：

> 天地有大美而不言，四時有明法而不議，萬物有成理而不說。聖人者，原天地之美而達萬物之理。是故至人無為，大聖不作，觀於天地之謂也。今彼神明至精，與彼百化。物已死生方圓，莫知其根也。扁然而萬物，自古以固存。六合為巨，未離其內；秋豪為小，待之成體；天下莫不沉浮，終身不故；陰陽四時運行，各得其序；惛然若亡而存；油然不形而神；萬物畜而不知；此之謂本根，可以觀於天矣！（《莊子・知北遊》）

這樣的整體沒有單一的、連貫的、邏輯性的邏輯結構，它是多層的、多邊的、變化著的。這樣的有機整體體現著一種富有神秘與啓發的美。因此，「道」遍在於萬物之中，同時也是處於流變之中的整體，並且是美的。

莊子「道」論有兩個層次，一方面，「道」無所不在，萬物都屬於「道」，在其中萬物互為條件，相互關聯，它是一個複雜的、處於流變之中的、不斷創造著的、神秘的、美的整體。另一方面，從具體事物來看，任何東西都是「道」的表現，事物本身也是複雜的，多邊的存在，具有變化著的 A 面、B 面……，它沒有固定的、唯一的本質。再進一步，我們可以說，「道」有兩個端點，從這一端看，所有的事物都處於「道」的整體之中，是一致的，「道」包圍著整個世界，它是整體性的，是深潛於任一事物下面的基礎或根本。從另一端看，任何一個具體事物都是特別的、獨一無二的、無法複製的，即使在外觀上是渺小的，它也在展現著自身，再大的力量都無法剝奪它按自身特性變化的尊嚴。萬物各安其本分，各盡其情性，各得其自然，在此意義上，莊子說：「天地與我並生，萬物與我為一。」（《莊子・齊物論》）「兩行」即兩

端皆可行，在此適於此，在彼適於彼，在夢適於夢，在覺適於覺，這是莊子對待存在、思維、語言的基本方法。「自然」是貫通兩端的紅線，是「兩行」的基礎，行於兩端，止於自然之分。莊子以此獨得天地大全之通觀慧見：

> 上與造物者遊，而下與外死生、無終始者爲友。其於本也，弘大而闢，深閎而肆；其於宗也，可謂稠適而上遂矣。雖然，其應於化而解於物也，其理不竭，其來不蛻，芒乎昧乎，未之盡者。(《莊子‧天下》)

老子和莊子都以「自然」觀念爲核心陳述自己對現實世界的看法，莊子思想比老子更加深邃廣大，其「自然」觀念也比老子的「自然」觀念更加複雜。莊子主動創造一系列新的隱喻深化了「道法自然」的舊隱喻結構，由此引導人們突破一己之見，實現自我轉化，以懷疑的批判的眼光欣賞生生不息、變化無窮的現實世界。

莊子對「道法自然」這一隱喻的再解讀、再創造、再深化主要表現在四個方面：其一，從副題或喻源域方面來看，通過深入發掘和想像性的運用，「道」的意義得到了極大的擴張，它和主題或目標域「自然」之間的互動加強了。換句話說，「道」具備了更強的描敘「自然」的能力，「隱喻具有了再造邏輯、『重描』現實的詩性認知功能，它爲我們提供了重新打量世界的認知維度與模式。」〔註28〕通過「道」與「自然」之間的隱喻映像和互動，「自然」觀念所具有的存在、語言、思維上的多維性、多邊性意義凸顯出來。老子的「道法自然」在莊子思想中深化爲「道兼於天」(《莊子‧天地》)「兼」有統攝、融攝之意，「道兼於天」即虛通之道融入「自然」，又比老子「道」效法於「自然」的意思更進一層。「道」、「自然」、萬物的意義經過頻繁的意義轉換而相互關聯，漸趨融爲一個整體，這不是死寂的客觀化的物體，而是自組織、自運行、自構成的有機整體，以自身爲運動的源泉和目的，是一個多維的混沌：

> 石濤題畫云：「天地氤氳秀結，四時朝暮垂垂，透過鴻蒙之理，堪留百代之奇。」藝術家要在作品裏把握到天地境界！德國詩人諾瓦理斯說：「混沌的眼，透過秩序的網幕，閃閃地發光。」石濤也說：「在於墨海中立定精神，筆鋒下決出生活，尺幅上換去毛骨，混沌裏放出光明。」〔註29〕

〔註28〕張沛：《隱喻的生命》北京：北京大學出版社 2004 年，頁 224。
〔註29〕宗白華：《藝境》北京：北京大學出版社 1999 年，頁 146～147。

莊子也是這樣一位藝術家，在他那裡，「道」就是「自然」，就是萬物整體，它具象化、肉身化成為一個偉大的生命，任何事物都只是這偉大生命的一個組成部分。莊子的心與大道連接，與造物相通，體驗著這偉大玄妙的生命的韻律和熱情，不止一次地驚贊道：

> 吾師乎！吾師乎！澤及萬世而不為仁，長於上古而不為老，覆
> 載天地刻雕眾形而不為巧，此所遊已。（《莊子・大宗師》）

　　其二，現實世界不是一成不變的，莊子運用隱喻為人們揭示出一個流變的富有創造性的世界，這個世界處在不斷的建構、修正、完善之中。莊子引領人們接納並不懈地探索無窮無盡地變化著的現實世界，他把自己獨特的體驗、思考和發現通過詩性隱喻描述出來。「自然」觀念潛入深層，變化而為「天」的觀念，這也是一個隱喻性的意義轉換過程，「隱也者，文外之重旨也……隱以復意為工……意生文外，秘響旁通，伏採潛發……始正而末奇，內明而外潤」〔註30〕隱以文外含有多重意義為妙，就像秘密的音響從旁傳來，潛伏的文采暗中閃耀。莊子所說的「天」是包孕所有事物的整體，具有多重含義，晝夜四季變化不息，足以代表所有事物運行的過程，深邃不可度量，足以顯示不可把捉的玄妙。這些豐富含義映像到「自然」之上，比較充分地表現了「自然」觀念的自發性、整體性、過程性和神秘性意義，因此，「天」受到莊子足夠的重視。「天籟」、「天均」、「天倪」、「天府」等觀念也從不同角度傳達著莊子對「自然」觀念的獨特體會。「天」的觀念還傳達著莊子對天與人關係的看法，「是以聖人不由而照之於天，亦因是也。」（《莊子・齊物論》）成玄英疏曰：「天，自然也。聖人達悟，不由是得非，直置虛凝，照以自然之智。」莊子說：「有人之形，無人之情。有人之形，故群於人；無人之情，故是非不得於身。眇乎小哉，所以屬於人也；謷乎大哉，獨成其天。」（《莊子・德充符》）聖人有人的形體，而沒有人的偏執的情感，能夠隨和地與人相處，又具有超越的精神，不被是非爭執所迷惑，從而與「自然」融為一體，正如成玄英所說：「謷然大教，萬境都忘，智德高深，凝照弘遠。故歎美大人，獨成自然之至。」與「自然」融合為一，正是莊子所論天人關係的極致。

　　其三，莊子有意識地創造了許多鮮明生動的隱喻，編織了一張色彩斑斕的隱喻之網，深層的直覺和超越的思維在語言的形式和意義之間跳躍和變換，以多元化的視角對「自然」這一複雜觀念進行認知。「天」、「天籟」、「天

〔註30〕周振甫：《文心雕龍今釋》北京：中華書局 1986 年，頁 352。

均」、「天倪」、「天府」、「葆光」、「懸解」、「坐忘」、「心齋」、「大宗師」、「眞
宰」、「眞人」、「至人」、「神人」、「聖人」、「鯤鵬」、「混沌」、「鴻蒙」、「諄芒」、
「無爲謂」、「無名人」、「疑始」等等，正如錢鍾書所說：

> 羅壁《識遺》卷七嘗歎：「文章一事數喻爲難，獨莊子百變不
> 窮。」……說理明道而一意數喻者，所以防讀者之固於一喻而生執
> 著也。星繁則月失明，連林則獨樹不奇，應接多則心眼活；紛至沓
> 來，見異思遷，因物以付，庶幾過而勿留，運而無所積，流行而不
> 滯，通多方而不守一隅矣。〔註31〕

莊子以爆炸性的大量隱喻用法打開人們的思路，把人們從僵硬的思維定
勢中解放出來，突破自我，學會與「自然」交流，以「自然」的方式行動。

其四，通過大量隱喻的啓發，促使人的覺悟水平有所改變，莊子爲我們
描述了一個充滿意義的「自然」世界。這個世界就是我們日常經驗的現實世
界，它是無限的、不斷創生和變化著的，它比我們的有限思維所認知的更加
廣闊和深遠。宇宙萬物自發運行的過程趨向於動態平衡，萬物在互相依存中
展現自身，就像一個個活潑的音符，發出自己的聲音，參與到宇宙萬物的交
響共鳴中。「自然」的生活，就是接受現實世界的充實完美的多樣性的生活，
是充滿創造的熱情的生活，「若夫乘天地之正，而御六氣之辯，以遊無窮者，
彼且惡乎待哉！」（《莊子・逍遙遊》）順從萬物的自然本性，隨「自然」的變
化而變化，不執著，不妄爲，從先入之見中超脫，在當前現有的環境下盡力
而爲，與「道」爲一，與「自然」爲一，就像陶淵明詩所說的：「大鈞無私力，
萬物自森著……甚念傷吾生，正宜委運去。縱浪大化中，不喜亦不懼。應盡
便須盡，無復獨多慮。」〔註32〕

2. 莊子「自然」觀念的超越性特徵

莊子闡發老子「玄之又玄」的思想奧義，將其推至無限遼遠的境地，「道」、
「自然」、萬物互相融攝、彼此關聯、無所不在、運行不息、不可窮盡，體現
爲一個偉大的生命，自我展現著的大宗師。以自然之道爲師就是接受一種超
越的精神生活，經由層層超越，安於自然之分，與物同化，與「道」同一，
所謂：

〔註31〕 錢鍾書：《管錐編》（第一冊）北京：中華書局 1979 年，頁 13～14。
〔註32〕 袁行霈：《陶淵明集箋注・形影神・神釋》北京：中華書局 2003 年，頁 67。

> 體盡無窮，而遊無朕。(《莊子‧應帝王》)
>
> 乘物以遊心。(《莊子‧德充符》)
>
> 入無窮之門，以遊無極之野。(《莊子‧在宥》)
>
> 彼其充實，不可以已。上與造物者遊，而下與外死生、無終始
> 者為友。(《莊子‧天下》)

莊子思想有顯明的超越性特徵，它向我們展示了一條不斷超越、實現自我、與道為一的路徑。《莊子‧大宗師》裏就有道家高人女偊向南郭子葵明示學道與傳道的次序：

> 吾猶守而告之，參日而後能外天下：已外天下矣，吾又守之，
> 七日而後能外物：已外物矣，吾又守之，九日而後能外生：已外生
> 矣，而後能朝徹：朝徹而後能見獨：見獨而後能無古今：無古今而
> 後能入於不死不生。殺生者不死，生生者不生。其為物無不將也，
> 無不迎也，無不毀也，無不成也。其名為攖寧。攖寧也者，攖而後
> 成者也。南伯子葵曰：「子獨惡乎聞之？」曰：「聞諸副墨之子，副
> 墨之子聞諸洛誦之孫，洛誦之孫聞之瞻明，瞻明聞之聶許，聶許聞
> 之需役，需役聞之於謳，於謳聞之玄冥，玄冥聞之參寥，參寥聞之
> 疑始。」

這是探索莊子思想的重要線索，「自然」觀念的意義就在這一步步的超越之中顯現出來的。莊子用一連串獨創的詞彙和隱喻，描述了學道的順序，簡而言之，這是老子「損之又損」的批判懷疑、勤勉實踐的修道精神的具體化和深化。《莊子》書中屢次申說這種學道守道、達於「自然」的入道程序。

> 顏成子游謂東郭子綦曰：「自吾聞子之言，一年而野，二年而從，
> 三年而通，四年而物，五年而來，六年而鬼入，七年而天成，八年
> 而不知死、不知生，九年而大妙。」(《莊子‧寓言》)

這是上引女偊所授學道次第的簡化形式，除此之外，莊子還用寓言來說明如何學道。庖丁解牛，得心應手、遊刃有餘、合乎自然「十九年而刀刃若新發於硎」，其技藝出神入化，是由於他好道學道，經過一番踐履之後才達到這樣的境界：

> 始臣之解牛之時，所見無非全牛者：三年之後，未嘗見全牛也：
> 方今之時，臣以神遇而不以目視，官知止而神欲行。依乎天理，批

大郤，導大窾，因其固然。技經肯綮之未嘗，而況大軱乎！（《莊子·養生主》）

梓慶削木爲鐻，有鬼斧神工的技藝，其秘密也在於他能忘懷名利物我，寧靜超脫，以己之「自然」合木之「自然」：

> 將爲鐻，未嘗敢以耗氣也，必齊以靜心。齊三日，而不敢懷慶賞爵祿；齊五日，不敢懷非譽巧拙；齊七日，輒然忘吾有四枝形體也。當是時也，無公朝。其巧專而外骨消，然後入山林，觀天性形軀，至矣，然後成鐻，然後加手焉，不然則已。則以天合天，器之所以疑神者，其是與！（《莊子·達生》）

所有這些都說明，莊子認爲，人們生活在充滿無限生機的大道之中，需要不斷地超越才能與「道」泯合爲一，實現「自然」，這條創造與超越學道之路，是一條開天之天的路。

我們將這個超越的過程概括爲「由人復天」，這是莊子「自然」觀念的核心，它主要表現爲相互關聯的四個方面，下面分別論述：

第一，謹愼和虛靜並重，強調深入的體驗，這是莊子「自然」觀念超越性的起點。《史記·太史公自序》說：「道家使人精神專一，動合無形，贍足萬物。」這一評論抓住了道家思想的一個基本特徵，老子和莊子都非常強調直面現實、少私寡欲、全神貫注、忘懷物我，超越人之道返歸天之道。春秋戰國之際社會轉型，許多爭奪和災難皆由人道泛濫而起，老莊對此有著清醒的認識，並逐漸醞釀出擺脫這一局面的超越性方案。老子說：

> 致虛極，守靜篤。萬物並作，吾以觀復。夫物芸芸，各復歸其根。歸根曰靜，靜曰復命，復命曰常，知常曰明。不知常，妄作，凶。知常容，容乃公，公乃王，王乃天，天乃道，道乃久，沒身不殆。（《老子》第 16 章）

老子提倡自始至終都要致虛守靜，以此默會萬物周流變化的全過程，使萬物回歸自然本性。老子把這作爲一切行爲的出發點，運用於人生、政治的各個方面。與此同時，老子又強調愼終如始的行事態度，他說：

> 其安易持。其未兆易謀。其脆易泮，其微易散。爲之於其未有，治之於其未亂。合抱之木，生於毫末；九層之臺，作於累土；千里之行，始於足下。爲者敗之，執者失之。是以聖人無爲，故無敗；無執，故無失。民之從事也，常於幾成而敗之。愼終如始，則無敗

事。是以聖人欲不欲，不貴難得之貨；學不學，復眾人之所過；以

輔萬物之自然，而不敢爲。（《老子》第 64 章）

事件是一個動態流變的過程，在整個過程中，不能輕舉妄動，要時時做好準備，抓住先機防止和消除事件向消極方面運行的態勢。做任何事情都謹慎細緻，穩紮穩打，始終如一。不固執、不貪求，敞開胸懷輔助事物自然而然地運行。老子謹慎虛靜的主張是面向深層「自然」思維的，他是以富有創造潛能的沉默體驗萬物自身展現的過程，他說：

古之善爲士者，微妙玄通，深不可識。（《老子》第 15 章）

見素抱樸，少私寡欲，絕學無憂。（《老子》第 19 章）

「不自見」、「不自是」、「不自伐」、「不自矜」（《老子》第 22 章）

莊子全面繼承了老子思想中致虛守靜、玄思默會的深層「自然」思維。面向「道」這個無限整體，以深切體驗將自己的生命融入到「自然」的大生命之中。《莊子·齊物論》闡發「天地與我並生，萬物與我爲一」，破除執著迷妄，各得「自然」的中心思想，首先論述的就是「吾喪我」，就是形如槁木，心如死灰，謹慎虛靜，持守本眞，忘我地體驗萬物一體的境界，正如郭象注所說：「吾喪我，我自忘矣；我自忘矣，天下有何物足識哉！故都忘外內，然後超然俱得」。南郭子綦以「天籟」之聲來隱喻在無限整體之中各適其性、順任自然的獨特體驗：

音樂是藝術最完美的形式，因此也是美的最直接的表現，它具有統一與單一的形式和精神，很少爲任何外在的東西所妨礙。我們似乎感到正是音樂本身在宇宙的有限形式中表現了無限……眞正的詩人，他們是先知，尋求以音樂的詞彙來表現宇宙。〔註33〕

這種體驗喚回了懷疑和批判的精神，一個「忘」字，引導我們突破未經沉思而接受的對事物進行分門別類的既定框架，摒除彼此、是非、大小、多少、生死、壽夭、長短、高卑、美醜、成毀等等有待的偏執。這種體驗從終極意義上說就是內在生命與外在生命建立富有意義的聯繫的過程，我們自身向與我們完全不同的東西保持開放，進入與無限整體並存的關係之中，爲積極的創造或自我實現擦亮眼睛並奠定堅實的基礎。莊子極其注重深入體驗，認爲

〔註33〕泰戈爾：《人生的親證》宮靜譯，北京：商務印書館 1992 年，頁 81。

這是心靈的齋戒，是融入虛通之道的前提。「若一志，無聽之以耳而聽之以心；無聽之以心而聽之以氣。聽止於耳，心止於符。氣也者，虛而待物者也。唯道集虛。虛者，心齋也」（《莊子‧人間世》）「墮肢體，黜聰明，離形去知，同於大通，此謂坐忘。」（《莊子‧大宗師》）「心齋」、「坐忘」所具有的共同點就是捨去狹隘的偏執之我和形軀之我，與「道」交通融合，不斷地體驗，彙聚無限整體之中流動不息的生機活力，最後達到「自然」，人成其人，物成其物。深入體驗是以覺知虛通之「道」爲核心的，「道」的無限性和整體性能夠彙聚時空中豐富的事件及其意義，同時喚起人們內心的情感，一種歸屬於偉大的中心生命的情感，這就爲包括觀察者在內的各相關事件提供了恢弘的背景，從而爲原發的創造性準備了積極的條件。

《莊子‧天下》評論莊周思想說：

> 以謬悠之說，荒唐之言，無端崖之辭，時恣縱而不儻，不以觭見之也。

成玄英疏曰：

> 莊子應世挺生，冥契玄道，故能致虛遠深弘之說，無涯無緒之談，隨時放任而不偏黨，和氣混俗，未嘗觭介也。

這是對莊子「自然」生活方式的概括描寫，這種生活態度從根本上來說是謹愼的、認眞的，莊子稱之爲「正」。如：

> 受命於地，唯松柏獨也正，在冬夏青青；受命於天，唯堯、舜獨也正，在萬物之首。幸能正生，以正眾生。（《莊子‧德充符》）

這是說修習道德應該自正性命。

> 當時命而大行乎天下，則反一無迹；不當時命而大窮乎天下，則深根寧極而待，此存身之道也。古之存身者，不以辯飾知，不以知窮天下，不以知窮德，危然處其所而反其性，己又何爲哉！道固不小行，德固不小識。小識傷德，小行傷道。故曰：正己而已矣。樂全之謂得志。（《莊子‧繕性》）

這是說回歸自然本性，恬靜坦然，樸素認眞，以「道」爲本，自正己身。這就是莊子「隨時放任而不偏黨，和氣混俗，未嘗觭介」的生活態度，所謂「放任」，是順「自然」而行，絕非私自放縱。「人貌而天虛，緣而葆眞，清而容物。物無道，正容以悟之，使人之意也消。」（《莊子‧田子方》）這是說因順自然，保持眞性，就是全德之人。庖丁技藝高超，但其解牛之時，仍然極爲

謹慎「每至於族，吾見其難為，怵然為戒，視為止，行為遲，動刀甚微，謋然已解，如土委地。」這種謹慎的態度也是老子「古之善為士者」的所具有的。「無以人滅天，無以故滅命，無以得殉名。謹守而勿失，是謂反其真。」《莊子・秋水》「謹修而身，慎守其真。」(《莊子・漁父》) 由此可見，「自然」的生活態度需要具備認真、謹慎的精神，這是莊子所認可的。

第二，對現實世界的開放性認知，突破自我中心的局限，這是實現「自然」的超越的重點所在。以「道」為師意味著接受一種質樸純真的生活方式，它首先需要謹慎、虛靜和深入的體驗，在此基礎上，自然之道引導人們對日常生活的世界進行開放的多元的認知和探索。如上所述，莊子在深化老子思想的過程中以批判懷疑的精神破斥彼此是非的二元對立，為我們揭示出一個多面一體、流動變化著的世界。在「道」這個無限整體之中，沒有永遠固定的概念，也不能排除不確定性和偶然性，新的情況和問題隨時可能出現，人言與天風吹籟不同，天籟出於「自然」，而人言往往出於成見，從無限的角度來看，總是不固定的，只能運用於一定的範圍，「言非吹也，言者有言，其所言者特未定也。」(《莊子・齊物論》) 因此，不能執著於有限的判斷、解釋或論述，而要注意到其背後的無限整體，這個無限整體，是永遠開放而不封閉的，是「已而不知其然」的「道」。因此，莊子開放性認知的前提是無用之大用，明白「大用」，則精神可優游於無何有之鄉，廣莫之野：

> 惠子謂莊子曰：「子言無用。」莊子曰：「知無用而始可與言用矣。夫地非不廣且大也，人之所用容足耳，然則廁足而墊之致黃泉，人尚有用乎？」惠子曰：「無用。」莊子曰：「然則無用之為用也亦明矣。」(《莊子・外物》)

這則辯論說明，不管是言論、思想還是行為，都只是一個立足點，在這個立足點之外，還有無垠的大地，這才是豐富的可能性和創造性的發源地。在「道」的運行過程中，任一事物都是在整體與部分、無限與有限相互聯繫中自身展現出來，而同時每一事物都帶有背景，只有在與相關事件及其無限整體聯繫時才能得到解釋。因此，必須與「無用」的大地建立良性的交流關係，「古之治道者，以恬養知。生而無以知為也，謂之以知養恬。知與恬交相養，而和理出其性。」(《莊子・繕性》) 自古以來學道的人，用恬靜來養智慧，有智慧而不妄用，又是用智慧來養恬靜，二者交相養，「自然」本性就會展現出來，這就是至德內充，就是因順「自然」。

在認知過程中，莊子鄙棄普適的原則和統一的認知模式，在「自然」觀念的指引下，他感興趣的是事件流變過程中的聯繫性和多樣性，「可乎可，不可乎不可。道行之而成，物謂之而然。惡乎然？然於然。惡乎不然？不然於不然。物固有所然，物固有所可。無物不然，無物不可。」（《莊子‧齊物論》）由於世界處在流動變化之中，所以不存在某種可以解釋一切的基本結構，事物有其自身的發展趨勢，各然其所然，各可其所可，所謂「固然」、「固可」。在對有關事件進行觀察的同時，觀察者也參與到了事件的流變過程之中，作為整個過程的一個有機組成部分，與各種事物處於同一存在層面，在這種情況下，觀察者要對事物做完全確定的描述幾乎是不可能的。因為：

> 一方面，世界是多元的，有多種多樣的事物；另一方面，一個東西本身的存在也是多元的，有多種多樣的「是」的方式，或者說，有多邊的存在。〔註34〕

所以，莊子提出，有效的認知是承認事物的多樣性存在，順應事物的「自然」，在多種思維方式之間變換角度、往反穿插：

> 庸詎知吾所謂知之非不知邪？庸詎知吾所謂不知之非知邪？且吾嘗試問乎女：民濕寢則腰疾偏死，鰍然乎哉？木處則惴慄恂懼，猿猴然乎哉？三者孰知正處？民食芻豢，麋鹿食薦，蝍蛆甘帶，鴟鴉耆鼠，四者孰知正味？猿猵狙以為雌，麋與鹿交，鰍與魚遊。毛嬙麗姬，人之所美也；魚見之深入，鳥見之高飛，麋鹿見之決驟，四者孰知天下之正色哉？自我觀之，仁義之端，是非之塗，樊然淆亂，吾惡能知其辯！（《莊子‧齊物論》）

在注意事物多樣性的同時與虛通之道的整體性、關聯性、動態性保持一致，順隨其「自然」流變，這就是「以道觀之，物無貴賤。」（《莊子‧秋水》）正是在這個意義上，莊子反對儒墨是非彼此互相攻訐的行為，認為這些學說各有其合理性因素和適用的範圍，只是偏於一曲的小智小慧，所謂「蛣蜣之知，在於轉丸」，〔註35〕若堅持以自我為中心，將有限的認識推至無限的境地，就會產生極大的謬誤。

莊子在深入體驗，淡定寧靜的基礎上倡導一種開放性的認知態度，它強

〔註34〕李晨陽：《道與西方的相遇——中西哲學重要問題研究》北京：中國人民大學出版社 2005 年，頁29。
〔註35〕王叔岷：《莊學管窺》附錄《莊子佚文》北京：中華書局 2007 年，頁248。

調懷疑、反思、批判和探索的能力，反對漠視事物的內在價值，反抗那些確定無疑的意見，隨時準備對所有的獨斷論發起挑戰，因為這些論調遮蔽了事物自身展現的過程。莊子說：

> 宇泰定者，發乎天光。發乎天光者，人見其人，物見其物。人有修者，乃今有恒。有恒者，人舍之，天助之。人之所舍，謂之天民；天之所助，謂之天子。學者，學其所不能學也？行者，行其所不能行也？辯者，辯其所不能辯也？知止乎其所不能知，至矣！若有不即是者，天鈞敗之。（《莊子・庚桑楚》）

如果從哲學發展的意義上來說，我們可以認為這是一種健康的思維態度，是嚴肅深刻的思想所應該具有的態度：

> 它提出要直接面對經驗而觀察，如實地看待事物，只根據人類所能瞭解的意義，即它們彼此之間的各種關係，來瞭解它們。它不會拒絕任何有助於說明它的任務而來自實際經驗的方法或資料，無論這種方法或資料是理智的、藝術的或宗教的直覺，但是它不會毫無批評地接受其中任何一種，這正如它不隨便接受日常的感覺經驗一樣。〔註36〕

第三，在行為方面，勤勉、實踐、創造的態度，是實現「自然」的超越的關鍵。莊子承襲老子「上士聞道，勤而行之」（《老子》第41章）的思想，堅持一種勤勉、實踐、創造的簡潔有效的行動路線，「遊心於淡，合氣於漠，順物自然而無容私焉。」（《莊子・應帝王》）堅持無為，也就是順隨「自然」的行為，在無限的「道」中，莊子以老實人態度對待爭論和解釋，會心地一笑，然後說道：「說得很妙：可是種咱們的園地要緊。」〔註37〕行動的整個過程就是全身全神地投入，仔細傾聽「自然」各安其分、各適其性的呼聲，不斷地練習從而達到純熟的境地，就像輪扁斫輪一樣，「徐則甘而不固，疾則苦而不入，不徐不疾，得之於手而應於心，口不能言，有數存乎其間。」（《莊子・天道》）學道守道的關鍵就在於勤勉、實踐和創造，每一個人面對的具體情形都會有所不同，因而應對的方式也是多種多樣的。行動之前所掌握的任何知識充其量只不過是一種準備而已，而且有時候還會成為行動的障礙。因此，最有效的行動方式是，全神貫注地聽從「自然」的啟示，向相關事件保

〔註36〕　（美）梯利：《西方哲學史》萬力譯，北京：商務印書館1995年，頁640。
〔註37〕　（法）服爾德著：《老實人》傅雷譯，安徽文藝出版社1998，p112。

持開放和交流，如同鏡子一樣在行動之初對情況做出即時反應：

> 體盡無窮，而遊無朕。盡其所受乎天而無見得，亦虛而已！至
> 人之用心若鏡，不將不逆，應而不藏，故能勝物而不傷。(《莊子·
> 應帝王》)

> 聖人之靜也，非曰靜也善，故靜也。萬物無足以撓心者，故靜
> 也。水靜則明燭鬚眉，平中準，大匠取法焉。水靜猶明，而況精神！
> 聖人之心靜乎！天地之鑒也，萬物之鏡也。夫虛靜恬淡寂漠無爲者，
> 天地之平而道德之至也。故帝王聖人休焉。休則虛，虛則實，實則
> 倫矣。虛則靜，靜則動，動則得矣。靜則無爲，無爲也，則任事者
> 責矣。無爲則俞俞。俞俞者，憂患不能處，年壽長矣。夫虛靜恬淡
> 寂漠無爲者，萬物之本也。(《莊子·天道》)

懂得如何行動的人內心清靜，排除成見的攪擾。其心就像一面明鏡，天地萬
物在此交相輝映，事實和理論在此互相交融混合，所有這些爲形成有效的判
斷並進而採取行動準備了條件。休止內心過度的思慮，使有限的心靈向無限
整體充分打開，在事件流變過程中接收盡可能的有效信息。休止思慮才能使
內心虛靜，內心虛靜才能涵容實理，充實完備才能安於自然，順物遊心，沒
有憂患，從容安適。這樣就形成了由靜而動的整個過程，它除了保證行動簡
單有傚之外，不添加多餘的心理負擔，所謂：

> 行事之情而忘其身，何暇至於悅生而惡死！(《莊子·人間世》)

《莊子》書中講述了許多身懷絕技、技藝高超的普通人的故事，庖丁解牛、
輪扁斫輪、大馬之捶鈎者不失豪芒、佝僂者承蜩（捕蟬）、津人操舟若神、呂
梁丈夫蹈水、工倕旋而蓋規矩指與物化、梓慶削木爲鐻、列禦寇爲伯昏無人
射等等。他們都是能虛心聽取「自然」之指引的人，通過自身簡單的行動，
回歸於無限整體，激起創造的活力：

> 無解其五藏，無擢其聰明，尸居而龍見，淵默而雷聲，神動而
> 天隨，從容無爲而萬物炊累焉。吾又何暇治天下哉！(《莊子·在宥》)

保存本真的性情，不竭神用智，玄靜如屍卻又如神龍顯現，沉默如淵卻
又如雷聲轟鳴，行動過程不斷地整合意識、無意識、情感、理智、直覺使其
符合自然之道的運行趨勢，以使精神合乎「自然」，從容地欣賞萬物展現自身。
這種態度促使人們懷著對無限整體的好奇，去觀察、學習和創造。

> 我們絕不會對大自然感到厭倦。我們必須從無窮的精力，廣大

的巨神似的形象中得到煥發，必須從海岸和岸上的破舟碎片，從曠
野和它的生意盎然的以及腐朽林木，從雷雲、從連下三個星期致成
水災的雨，從這一切中得到精神的煥發。我們需要看到我們突破自
己的限度，需要在一些我們從未漂泊過的牧場上自由地生活。〔註38〕

梭羅把大自然當作充滿創造可能的無限整體，這和莊子注重遵循自然之道的
超脫的生活態度是相通的。

　　第四，站在較高層面上的全面反思，這是對「自然」美的發掘，是「自
然」觀念超越性的階段性完成，所謂「精而又精，反以相天。」(《莊子・達
生》)謹慎虛靜的體驗，開放靈動的認知，勤勉創造的實踐指引人們不斷超越，
從而達到審美反觀的層面，揭示出在較低層面上遮蔽未彰的自然之道的大
美，這是循環超昇的終點，同時也是進一步深入的起點。從某種意義上來說，
這是自我實現的必經階段，也是與世界建立良好關係的階段。

　　　　從古高人只是心無凝滯，空洞無涯，故所見高遠，非一切名象
　　之可障隔，又豈俗物之可妄干。〔註39〕

用莊子自己的話說就是：

　　　　彼方且與造物者為人，而遊乎天地之一氣。(《莊子・大宗師》)

在「自然」引導下達到的全面反思莊子稱之為「天樂」，這是由「自然」的超
越精神所帶來的樂趣，

　　　　吾師乎，吾師乎！齏萬物而不為戾；澤及萬世而不為仁；長於
　　上古而不為壽；覆載天地、刻雕眾形而不為巧。此之謂天樂。故曰：
　　知天樂者，其生也天行，其死也物化。靜而與陰同德，動而與陽同
　　波。故知天樂者，無天怨，無人非，無物累，無鬼責。故曰：其動
　　也天，其靜也地，一心定而王天下；其鬼不祟，其魂不疲，一心定
　　而萬物服。言以虛靜推於天地，通於萬物，此之謂天樂。天樂者，
　　聖人之心以畜天下也。(《莊子・天道》)

「天樂」即「自然」之樂，是全身心投入「道」這個無限整體所產生的。從
根本上說，這是自我與世界的和諧共處，是一種健康的個人與世界的關係。
這種關係的建立需要個人（自我）與現實世界之間的互動。一方面，它需要

〔註38〕　（美）亨利・梭羅著：《瓦爾登湖》徐遲譯，長春：吉林人民出版社 1997 年，
　　　　296。
〔註39〕　《古學千金譜》轉引自袁行霈：《清思錄》北京：首都師範出版社 2008，p149。

人們全身心地投入現實生活，解其桎梏，不汲汲於世俗的功名利祿。另一方面，它引導人們轉向深層自我，不逃避成長過程中遇到的一切事件，以開放的態度接納事物、他人以及所有新鮮的經驗。「大樂」是一種非實體性的動態的世界與自我的關係，二者相互影響，彼此牽引，共同向「自然」提升。

從根本上說，世界與個人具有深層的一致性，外部世界（絕對他者）的整全、均衡、創造與內在世界（非實體性自我）的流變是能夠而且應該相互調和的：

> 夫至人者，相與交食乎地而交樂乎天，不以人物利害相攖，不相與爲怪，不相與爲謀，不相與爲事，翛然而往，侗然而來。是謂衛生之經已。（《莊子·庚桑楚》）

因此，莊子認爲在「道」這個不斷運行的無限整體和偉大生命中，自身展現，合於「自然」的事物都是美的：

> 靜而聖，動而王，無爲也而尊，樸素而天下莫能與之爭美。（《莊子·天道》）

美是由事物內部自發地形成的，是「自然」過程的體現，它不是矯揉造作的：

> 其美者自美，吾不知其美也；其惡者自惡，吾不知其惡也。（《莊子·山木》）

「自然」之美就像「道」本身一樣淡而無味，但又充滿意義，「淡然無極而眾美從之。此天地之道，聖人之德也。」（《莊子·刻意》）成玄英疏曰：「心不滯於一方，迹冥符於五行，是以澹然虛曠而其道無窮，萬德之美皆從於己也。」莊子正是在無限整體中，在「自然」的層面上，齊萬物、順生死：

> 視乎冥冥，聽乎無聲。冥冥之中，獨見曉焉；無聲之中，獨聞和焉。故深之又深而能物焉；神之又神而能精焉。（《莊子·天地》）

莊子把虛通之道的獨特之處通過詩的語言表達出來，以較高層次上的全面反思對體驗、認知、行爲進行一次次的整合。它拋棄實用的、功利的眼光，以充滿創造性的樂趣放眼世界，「墮肢體，黜聰明，離形去知，同於大通。」（《莊子·大宗師》）它吸引人棲居在無限的「道」中、優游在「自然」之內、通觀天地之大全，「得至美而遊乎至樂。」（《莊子·田子方》）

小　結

本章討論莊子「自然」觀念的意義，第一節討論莊子對老子思想的繼承

與深化，認爲莊子以「自然」爲中心繼承和發揮了老子的思想。莊子以強烈的懷疑和批判精神，消除老子對「道」進行實體化描述的努力，並剔除了老子思想中陰謀詭詐、僞而不誠的暗藏因素。以超越的精神、博大的胸懷與造物者遊，與得道者爲友，順遂自然之道的變化，進入天而不人，道通爲一的整全境界。莊子思想的創造性主要體現在，面對「天道」與「人道」的關係問題，提出「由人復天」的超越性方案。莊子思想創造性主要表現爲「綜合」和「超前推進」以及強烈的懷疑和批判精神。

第二節討論「自然」的變化，指出莊子對老子思想及其「自然」觀念進行了全面的深化，莊子化解老子「道」論中本體論與生成論的根本矛盾，深化了老子「常」、「有無」、「反」等觀念。以兩行的態度、懷疑的方法、深層的直覺、靈活的語言、豐富的想像、超越的精神創造了一系列新觀念、新用法對「道」、「自然」等觀念進行了更深入的解釋，將「自然」觀念引入更豐富、更開放、有更多可能性和差異性的世界。將老子「道法自然」的思想深化爲「道兼於天」的思想，突出了「自然」觀念的超越性。

超越性是莊子「自然」觀念的主要特點，可以概括爲四個相互聯繫的方面：

首先，謹愼和虛靜並重，強調深入的體驗，這是莊子「自然」觀念超越性的起點。

其次，對現實世界的開放性認知，突破自我中心的局限，這是實現「自然」的超越的重點所在。

第三，在行爲方面，勤勉、實踐、創造的態度，是實現「自然」的超越的關鍵。

第四，站在較高層面上的全面反思，這是對「自然」美的發掘，是「自然」觀念循環超昇的終點，同時也是進一步深入的起點。

結　論

　　本文分四章討論了先秦道家老莊「自然」觀念的產生和變化，認為：

　　第一，「自然」觀念是道家老莊思想的核心，作為一個重要的思想觀念，「自然」觀念包含了三個重要方面：

　　（1）社會歷史基礎：

　　西周與殷商有著密切的聯繫，這種連續性的顯著特點就是，商周都是由以血緣關係為紐帶的氏族貴族所統治的，如何協調血緣與政治之間的關係是商周社會面臨的巨大挑戰。周人在戰勝殷商的同時也學習了殷商古舊的氏族宗教制度。商周的宗教有同也有異，共同點在於二者都強調神、天、地人處於一個神秘的整體之中，通過一定的方式可以實現人與天地神靈之間的溝通和交流。不同點在於殷商的宗教是崇拜祖先神為主的宗教，而西周的宗教是對商代宗教的重新估價和組織，突出了天命靡常，惟德是依的天命觀。天命觀與分封和禮制相配合，形成政治、道德、宗教三位一體的社會，使西周由氏族貴族統治的國家形態進一步完善、強化和系統化。隨著維繫氏族貴族的血緣關係的淡化，政治鬥爭日趨激烈，政治、道德、宗教三位一體的社會出現了系統的危機。西周是在這樣的危機之中滅亡的。

　　春秋戰國時期社會與思想急劇變動，產生社會變遷的主要原因是西周氏族宗法制度的動搖，與此相關聯的政治、經濟、思想觀念也在不同的層次上不斷重組，逐漸形成各種複雜的關係，並產生新的意義。春秋戰國之際社會各階層的頻繁流動不是孤立的事件，而是與政治、經濟、思想觀念等方面的重大變化相呼應的。思想和社會的聯繫是在人類實踐活動的整體中實現的，這個整體是生成論意義上的整體，它也是人們生活的現實世界。思想觀念以

社會存在爲基礎，不是獨立存在的概念系統，而是隨著人們的實踐活動被編織到現實世界之中的。系統化的思想觀念叫做世界觀。人們通過世界觀深化對自身、社會環境及其歷史傳統的理解。春秋戰國時期思想觀念的變化通過世界觀的變化表現出來，它提出了一系列基本的問題，「自然」觀念的產生和變化就是其中之一。

（2）「自然」觀念所面對的問題：

社會歷史問題：春秋戰國時期，人們面臨的主要歷史問題是，應否清算或如何清算西周遺制，也就是在政治權威、道德權威、宗教權威沒落之後人們怎麼面對現實世界的問題。

思想問題：春秋戰國時期的世界是最富變化的世界，新的經濟因素、新的統治模式、新的社會階層、新的思想觀念都在成長，都在與舊的勢力爭衡。這些問題凝結在思想觀念之中，就形成「天道」與「人道」的關係問題，如何在天、地、人之中實現深層統一的問題，「道在哪裏」的問題，不斷地反思、不斷地批判、不斷地超越從而體悟「玄之又玄」的「道」本身的問題。

第二，「自然」觀念的產生，這主要與老子思想的繼承性和創造性相關。

老子是精通禮的東周王朝史官，《老子》書側重於對歷史經驗教訓的理論思索。老子繼承史官文化，並在此基礎上提出「玄之又玄」的道論，超越了史官文化。老子通過闡釋「道法自然」的意義，建立了一種新的思想範式，引導人們深思在周禮束縛下產生的種種難題以及人類生存的真實處境。老子思想的來源是古之道術，老子從理論高度繼承和發展了古代文化遺產。

從認知科學的角度來看，以老子爲代表的先秦道家思想是具有原創性的，這充分體現在老子的思維過程中。老子思維過程整合了感知思維、形象思維、抽象思維、直覺思維等人類思維的主要形態，在解決「天道」和「人道」關係的問題中，具有發散性與聚合性的突出特點。老子能夠擺脫心理定勢，排除獨斷論，表現出獨創性和批判性。同時老子的思想有明顯的醞釀階段，充滿了智慧。「自然」觀念的提出是老子創造性思想最集中的體現，在老子思維過程中佔有顯要的地位。在道家思想具有原創性的思維過程中，以老子、莊子爲代表的道家用深刻的語言表達了富有活力的思想，同時對語言本身進行了反思，揭露並批判一般語言的遮蔽性、僵化性、非整體性和悖論性，發展了一套人與自然深入交流的、鮮活的、開放的、充滿生命力的話語體系，自然觀念正是在這一話語體系中產生的。先秦道家「自然」觀念的產生是對

一系列時代難題的積極思考和回應。老子以富有創造力的思維和靈活的語言表達了對一種充滿智慧的生活的嚮往。「自然」觀念的產生與老子的人格魅力和生活方式是緊密相連的。

第三，老子「自然」觀念的特點——立天定人。

（1）中國古代思想的總體特點表現為一元的和諧論，它注重探索事物自發運行的過程，關注事物的整體性和關聯性，欣賞天地萬物和諧運轉的美，認為人類與人類所處的世界具有一致性，人的行為應該與天地萬物的運行保持一致。「自然」觀念充分展現了一元的和諧論，對「自然」觀念的討論有助於我們深入認識中國古代思想的總體特徵。

（2）「自然」觀念具有不可定義性，它是一個複雜的、開放的意義網絡，我們應該從動態的意義而非實體的意義上來理解它。它的提出代表著老子對「道」的苦心孤詣的深入探索。因此，不能離開「道」來孤立地探索「自然」。

（3）隱喻是人類思維與現實世界互動的產物，從觀念不斷深入的意義上說，所有思想都是隱喻性的。「道法自然」這個重要命題是一個隱喻結構。其中，「自然」是一個複雜的意義網絡，是「道法自然」這個隱喻的目標域或主題；「道」是一個符號系統，是「道法自然」這個隱喻的喻源域或副題。在隱喻過程中，喻源域「道」的豐富影像映像到目標域「自然」之上，主題與副題（目標域與喻源域）二者互動，產生了與主題「自然」相關的新意義。這些新意義中，最重要的就是「常」、「有無」。「常」的主要含義是自然之道運行過程中的動態平衡。「有無」的主要含義是自然之道運行過程中相互依存、對立統一的兩方面，它們共同構成了自然之道永恒運動的態勢。

（4）「自然」觀念的基本含義是自己如此和順其自然，它具有明顯的指引力量，引導人們改善自身的行為。老子從「道法自然」的深度提出「無為」、「無知」、「無欲」作為人們行為和推理的方式，從行動、知識、語言等方面引導人們與「自然」建立良性的關係。

（5）老子「自然」觀念的意義是通過「自然」與「道」二者互動展開的，在此過程中，有明顯的史官推天道以明人事的思維傾向。他指出人的行為是從自然之道的運行過程中發源的，自然之道規定了人的行為。

第四，莊子「自然」觀念的特點——由人復天

（1）莊子以「自然」為中心繼承和發揮了老子的思想。莊子以強烈的懷疑和批判精神，消除老子對「道」進行實體化描述的努力，並剔除了老子思

想中陰謀詭詐、僞而不誠的暗藏因素。

（2）「自然」觀念的變化，莊子對老子思想及其「自然」觀念進行了全面的深化。莊子化解老子「道」論中本體論與生成論的根本矛盾，深化了老子「常」、「有無」、「反」等觀念。以兩行的態度、懷疑的方法、深層的直覺、靈活的語言、豐富的想像、超越的精神創造了一系列新觀念、新用法對「道」、「自然」等觀念進行了更深入的解釋，將「自然」觀念引入更豐富、更開放、有更多可能性和差異性的世界。將老子「道法自然」的思想深化爲「道兼於天」的思想，突出了「自然」觀念的超越性。

（3）超越性是莊子「自然」觀念的主要特點，可以概括爲四個方面，

首先，謹愼和虛靜並重，強調深入的體驗，這是莊子「自然」觀念超越性的起點。

其次，對現實世界的開放性認知，突破自我中心的局限，這是實現「自然」的超越的重點所在。

其三，在行爲方面，勤勉、實踐、創造的態度，是實現「自然」的超越的關鍵。

其四，站在較高層面上的全面反思，這是「自然」觀念循環超昇的終點，同時也是進一步深入的起點。

參考文獻

B

1. （漢）班固，漢書〔M〕，北京：中華書局，1962。

2. 白壽彝，中國通史・第三卷・上古時代（上）〔M〕，上海：上海人民出版社，1994。

3. 白壽彝，中國史學史・第一卷・先秦時期・中國古代史學的產生〔M〕，上海：上海人民出版社，2006。

C

1. 蔡曙山，認知科學：世界的和中國的〔J〕，學術界，2007，4A。

2. 裘錫圭，郭店《老子》簡初探〔A〕，陳鼓應，道家文化研究（第17輯）〔C〕，北京：生活・讀書・新知三聯書店，1999。

3. 陳鼓應，老莊新論〔M〕，上海：上海古籍出版社，1992。

4. 陳鼓應，老子注譯及評介〔M〕，北京：中華書局，1984。

5. 陳夢家，殷虛卜辭綜述〔M〕，北京：中華書局，1988。

6. 程俊英、蔣見元，詩經注析〔M〕，北京：中華書局，1991

D

1. 鄧曉芒，中國百年西方哲學研究中的八大錯位〔J〕，福建論壇・人文社會科學版，2001，5A。

E

1. （德）恩斯特・卡西爾，人論〔M〕，甘陽譯，上海：上海譯文出版社，1985。

F

1. （法）服爾德，老實人〔M〕，傅雷譯，合肥：安徽文藝出版社，1998。

2. 傅斯年，中國現代學術經典・傅斯年卷〔M〕，石家莊：河北教育出版社，1996。

3. 傅偉勳，從西方哲學到禪佛教〔M〕，北京：生活・讀書・新知三聯書店，1989。

4. 傅偉勳，死亡的尊嚴與生命的尊嚴〔M〕，北京：北京大學出版社，2006。

G

1. 高亨，關於老子的幾個問題〔J〕，社會科學戰線，1979，1A。

2. 高亨，重訂老子正詁〔M〕，北京：古籍出版社，1956。

3. 高明，帛書老子校注〔M〕，北京：中華書局，1996。

4. 高名凱，高名凱語言學論文集〔M〕，北京：商務印書館，1990。

5. 郭沫若，中國古代社會研究（外二種）〔M〕，石家莊：河北教育出版社，2004。

6. 郭貴春，科學隱喻的方法論意義，中國社會科學，2004 2。

7. （清）郭慶藩莊子集釋〔M〕，北京：中華書局，1962。

8. （英）葛瑞漢，論道者──中國古代哲學論辯〔M〕，張海宴譯，北京：中國社會科學出版社，2003。

9. 龔自珍，夏田藍編，龔定盦全集類編〔M〕，北京：中國書店，1991

H

1. （美）亨利・梭羅，瓦爾登湖〔M〕，徐遲譯，長春：吉林人民出版社，1997。

2. 侯外廬，中國古代思想學說史〔M〕，瀋陽：遼寧教育出版社，1998。

3. 侯外廬、趙紀彬、杜國庠，中國思想通史（第一卷）〔M〕，北京：人民出版社，1957。

4. 侯外廬，中國古代社會史論〔M〕，石家莊：河北教育出版社，2000。

5. 胡厚宣，甲骨學商史論叢初集〔M〕，石家莊：河北教育出版社，2002。

6. 胡道靜，十家論老〔M〕，上海：上海人民出版社，2006。

7. 胡壯麟，認知隱喻學〔M〕，北京：北京大學出版社，2004。

J

1. 金景芳、呂紹綱，周易全解〔M〕，上海：上海古籍出版社，2005。

2. 金岳霖，中國哲學，哲學研究 1985 9。

3. 金吾倫、蔡侖對整體論的新認識〔J〕，中國人民大學學報，2007，1A。

4. 蔣錫昌，老子校詁〔M〕，北京：商務印書館，1937。

K

1. （德）卡爾·雅斯貝爾斯，歷史的起源與目標〔M〕，魏楚雄、俞新天譯，
   北京：華夏出版社，1989。

2. （意）克羅齊，作爲思想和行動的歷史〔M〕，田時綱譯，北京：中國社
   會科學出版社，2005。

3. （英）柯林武德，歷史的觀念〔M〕，何兆武譯，北京：商務印書館，1997。

L

1. 李晨陽，道與西方的相遇——中西哲學重要問題研究〔M〕，北京：中國
   人民大學出版社，2005。

2. 李伯謙，中國古代文明起源與形成研究的回顧與展望〔J〕，鄭州大學學
   報，2003，5A。

3. 李濟，中國學術經典·李濟卷〔M〕，石家莊：河北教育出版社，1996。

4. 李濟，安陽〔M〕，上海：世紀出版集團，上海人民出版社，2007。

5. （美）李峰，西周的滅亡〔M〕，徐峰譯，上海：上海古籍出版社，2007。

6. 李民、王健，尚書譯注〔M〕，上海：上海古籍出版社，2004。

7. 李守常，史學要論〔M〕，北京：商務印書館，1999。

8. 李學勤，中國學術的源起〔N〕光明日報，2008～6～30（12）

9. （英）李約瑟，中國科學技術史（第二卷）〔M〕，何兆武等譯，北京：
   科學出版社，上海：上海古籍出版社，1990。

10. 劉丹青，語言學前沿與漢語研究〔M〕，上海：上海教育出版社，2005。

11. 劉笑敢，老子古今——五種對勘與析評引論〔M〕，北京：中國社會科學
    出版社，2006。

12. 劉笑敢，老子之人文自然論綱〔J〕，哲學研究，2004，12A。

13. 陸儉明、瀋陽，漢語和漢語研究十五講〔M〕，北京：北京大學出版社，
    2003。

14. 呂叔湘等著、馬慶株編，語法研究入門〔M〕，北京：商務印書館，1999。

15. 呂思勉，先秦史〔M〕，上海：上海古籍出版社，2005。

16. （美）洛夫喬伊，存在巨鏈——對一個觀念的歷史的研究〔M〕，張傳有、
    高秉江譯，南昌：江西教育出版社，2002。

17. 柳詒徵，國史要義〔M〕，上海：華東師範大學出版社，2000。

18. 盧嘉錫，中國科學技術史·通史卷〔M〕，北京：科學出版社，2003。

19. （美）Robert J. Sternberg，認知心理學〔M〕，楊炳鈞、陳燕、鄒枝玲譯，

北京：中國輕工業出版社，2006。

M

1. （美）曼弗雷德‧庫恩，康德傳〔M〕黃添盛譯，上海：世紀出版集團，上海人民出版社，2008。

2. 牟鍾鑒，論道〔J〕，中國哲學史，1996，3A。

O

1. （美）歐文‧M‧柯匹‧卡爾‧科恩，邏輯學導論〔M〕，張建軍、潘天群等譯，北京：中國人民大學出版社，2007。

P

1. 龐樸，龐樸文集（第一卷）〔M〕，濟南：山東大學出版社，2005。

2. 蒲慕洲，追尋一己之福——中國古代的信仰世界〔M〕，上海：上海古籍出版社，2007。

Q

1. 錢鍾書，管錐編（第一冊）〔M〕，北京：中華書局，1979。

R

1. 任繼愈，老子繹讀〔M〕，北京：北京圖書館出版社，2006。

2. 阮元校刻，十三經注疏〔M〕，北京：中華書局，1980。

S

1. 石毓智，論語言表達的創新機制〔J〕，外語研究，2007，3A。

2. 束定芳，隱喻學研究〔M〕，上海：上海外語教育出版社，2000。

3. 孫以楷，老子通論〔M〕，合肥：安徽大學出版社，2004。

4. 孫以楷、甄長松，莊子通論〔M〕，北京：東方出版社，1995。

5. 孫以楷，道家與中國哲學〔M〕，北京：人民出版社，2004。

6. 蘇秉琦，中國文明起源新探〔M〕，北京：生活‧讀書‧新知三聯書店，1999。

7. （清）沈德潛，古詩源〔M〕，長沙：嶽麓出版社，1998。

8. 沈家煊，複句三域「行、知、言」〔J〕，中國語文，2003，3A。

9. 沈家煊，三個世界〔J〕，外語教學與研究，2008，6A。

10. 史忠植，認知科學〔M〕，合肥：中國科學技術大學出版社，2008。

11. （漢）司馬遷，史記〔M〕，北京：中華書局，1982。

T

1. （印度）泰戈爾，人生的親證〔M〕，宮靜譯，北京：商務印書館，1992。
2. （印度）泰戈爾，泰戈爾詩選〔M〕，謝冰心、石眞、鄭振鐸等譯，北京：人民文學出版社，1958。
3. （美）梯利，西方哲學史〔M〕，葛力譯，北京：商務印書館，2000。
4. 童書業，春秋左傳研究（校訂本）〔M〕，北京：中華書局，2008。
5. 童書業，春秋史〔M〕，上海：上海古籍出版社，2003。

W

1. 樓宇烈，王弼集校釋〔M〕，北京：中華書局，1980。
2. （魏）王弼，老子道德經，諸子集成〔M〕，上海：上海書店出版社，1987。
3. 王博，老子思維方式的史官特色〔A〕，道家文化研究（第四輯）〔C〕，上海：上海古籍出版社，1994。
4. （清）王夫之，船山思問錄〔M〕，上海：上海古籍出版社，2000。
5. （清）王夫之著、王孝魚點校，莊子解〔M〕，北京：中華書局，1964。
6. 聞一多，聞一多全集（第二冊）〔M〕，北京：生活·讀書·新知三聯書店，1982。
7. 王國維，觀堂集林（外二種）〔M〕，石家莊：河北教育出版社，2003。
8. 王士元，語言是一個複雜適應系統〔J〕，清華大學學報，2006，6A。
9. 王叔岷，莊子校詮〔M〕，北京：中華書局，2007。
10. 王叔岷，莊學管窺〔M〕，北京：中華書局，2007。
11. 王叔岷，先秦道法思想講稿〔M〕，北京：中華書局，2007。
12. 王樹人，中國的「象思維」及其原創性問題〔J〕，學術月刊，2006，1A。
13. （戰國）文子著，李定生、徐慧君校釋，文子校釋〔M〕上海：上海古籍出版社 2004。
14. （意）維科，新科學〔M〕，朱光潛譯，北京：商務印書館 1997。

X

1. 蕭萐父，吹沙集〔M〕，成都：巴蜀書社，1991。
2. 蕭萐父，道家風骨略論〔A〕，道家文化研究（第二輯）〔C〕，上海：上海古籍出版社，1992。
3. 許國璋，許國璋論語言〔M〕，北京：外語教育與研究出版社，1991
4. 許倬雲，西周史〔M〕，北京：生活·讀書·新知三聯書店，2001
5. 許倬雲，求古編〔M〕，北京：新星出版社，2006。

6. 許倬雲，中國古代社會史論——春秋戰國時期的社會流動〔M〕，桂林：廣西師範大學出版社，2006。

7. 徐朝華，上古漢語詞彙史〔M〕，北京：商務印書館，2003。

Y

1. 葉朗，中國美學史大綱〔M〕，上海：上海人民出版社，1985。

2. 葉維廉，道家美學與西方文化〔M〕，北京：北京大學出版社 2002。

3. 楊伯峻，論語譯注〔M〕，中華書局，1980。

4. 楊伯峻，孟子譯注〔M〕，北京：中華書局，1960。

5. 楊伯峻，春秋左傳注（修訂本）〔M〕，北京：中華書局，1990。

6. 楊向奎，宗周社會與禮樂文明〔M〕，北京：人民出版社，1997。

7. 楊寬，戰國史〔M〕，上海：上海人民出版社，1980。

8. 楊寬，古史新探〔M〕，北京：中華書局，1965。

9. 余治平，萬物都處於生生狀態〔J〕，中國社會科學院報，2006～2～16。

10. 俞宣孟，本體論研究〔M〕，上海：上海人民出版社，2005。

11. 袁行霈，清思錄〔M〕，北京：首都師範出版社，2008。

12. 袁行霈，陶淵明集箋注〔M〕，北京：中華書局，2003。

13. （美）約翰·霍蘭德，湧現〔M〕，陳禹譯，上海：上海科學技術出版社，2006。

Z

1. （宋）張君房編，李永晟點校，雲笈七籤〔M〕，北京：中華書局，2003。

2. 張繼禹，中華道藏〔M〕，北京：華夏出版社，2004。

3. 張豈之，中國思想史〔M〕，西安：西北大學出版社，2003。

4. 張豈之，中華人文精神〔M〕，西安：陝西人民出版社，2007。

5. 張豈之，歷史唯物論與中國思想史研究〔J〕，歷史研究，2007，1A。

6. 張岱年，中國古典哲學概念範疇要論〔M〕，北京：中國社會科學出版社，1989。

7. 張默生，老子章句新釋〔M〕，濟南：山東文化學社，1933。

8. 張光直，中國青銅時代〔M〕，北京：生活·讀書·新知三聯書店，1983。

9. 張光直，中國青銅時代（二集）〔M〕，北京：生活·讀書·新知三聯書店，1990。

10. 張光直，美術、神話與祭祀〔M〕，瀋陽：遼寧教育出版社年版，2002。

11. 張沛，隱喻的生命〔M〕，北京：北京大學出版社，2004。

12. 張世祿，張世祿語言學論文集〔M〕，上海：學林出版社，1984。

13. 章太炎，中國現代學術經典·章太炎卷〔M〕，石家莊：河北教育出版社，1996。

14. 朱良志，中國美學名著導讀〔M〕，北京：北京大學出版社，2004。

15. 朱自清，朱自清古典文學論文集（上冊）〔M〕，上海：上海古籍出版社，1981

16. 趙世超、衛崇文，戰國時期的百家爭鳴運動〔J〕，陝西師範大學學報，2006，7A。

17. 趙志軍，作為中國古代審美範疇的自然〔M〕，北京：中國社會科學出版社，2006。

18. 周昊天、傅小蘭，認知科學——新千年的前沿領域〔J〕，心理科學進展，2005，4A。

19. 周振甫，文心雕龍今釋〔M〕，北京：中華書局，1986。

20. 宗白華，藝境〔M〕，北京：北京大學出版社，1999。